자기결정의 원칙

# 자기결정의 원칙

*Die Entscheidung liegt bei Dir!*

**라인하르트 K. 슈프렝어** 지음 | **류동수** 옮김

타커스

## 책을 펴내며

네가 뜻한 바를 행하라.
그리고 그 대가를 지불하라.
(스페인 격언)

인간이 누리는 자유에 만족하며 기꺼이 활용하는 사람이 있는가 하면, 자유를 버거워하며 스스로 포기하는 사람이 있고 그 숫자 또한 적지 않다. 그들은 자유를 누릴 때 늘 따라붙는 책임에 대한 부담을 떨쳐낼 수 있다는 생각은 전혀 하지 못한다. 그래서 오직 그 책임을 피할 수 있는 방법을 찾는다. 결국 그들은 정치철학이나 뇌과학에서 그것을 찾아낸다. 자유를 대하는 이러한 두 가지 반대되는 태도는 매우 일반화된 것이다. 나는 오랫동안 이 주제에 매달려왔고, 이 책에서 다음과 같이 주장한다.

"결정은 당신에게 달려 있다!"

이 말은 '해야 함'을 특징으로 삼는 온갖 다른 철학과는 반대로, '하려 함'의 생철학(生哲學)에 바탕을 둔다. 그렇다. 이 생철학은 '해야 한다!'는 당위의 족쇄를 부서뜨리려 한다. 두려움 없는 삶을 실현하게 하려 한다. 자유를 증대시키려 한다. 인간에게 도덕규범이라는 구속복을 입히는 것이 아니라 자발적 성숙이라는 올곧은 길을 가게 하려 한다.

"나는 세상을 내 의지대로 만들겠다. 그것이 나의 권한 내에 있는 한."

이 말이 그 길을 추구하는 사람들의 구호이다. 그리고 그 최고 기술은 '해야 함'마저 자신의 의지로 하는 것이다. 이에 대해서는 본문에서 차분히 다룰 것이다.

현대 사회에 널리 퍼져 있는 '결정장애 현상'을 고려하건대, 이 책의 출간은 그 어느 때보다도 시의적절하다. 또한 이 책은 일상적이며 시대와 무관한 여러 물음에 대해 답을 제시해준다. 몇몇 물음의 경우 책을 읽다 보면 저절로 그 답이 드러난다. 하지만 그 답들에 대해 나는 전혀 지적재산권을 주장하지 않는다. 그 답은 부분적으로 수천 년 전의 것들이다. 나는 다만 그것을 끄집어내어 현재와 연결했을 뿐이다. 그러니 당신은 이 책에서 알게 된 답으로 가능한 모든 것들을 할 수 있다. 삶의 의미를 발견하고, 사랑의 고통을 극복하고,

자녀 교육 문제를 해결하고, 인간관계의 갈등을 해소하고, 중요한 것과 중요하지 않은 것을 구분하고, 자기 삶을 새로운 시각으로 바라볼 수 있다. 한마디로, 스스로 행복에 이르는 자신만의 길을 발견하라는 것이다. 그리고 나는 이 책의 효과와 관련해 다음과 같이 경고한다.

"주의! 이 책은 당신을 변화시킬 수 있습니다."

차례

책을 펴내며 5

프롤로그 14


## 1장 내 삶의 지휘자는 누구인가

자유롭게 선택할 수 있는 것이 곧 권력이다 • 26

    늘 그날이 그날 • 26

    놀라운 선물 • 30

    감옥살이 같은 인생도 자기 선택의 결과 • 32

    비용 비교와 가격 결정의 문제 • 36

    마른하늘에 날벼락이 치기도 하는 법 • 40

현실적 압박은 꾸며낸 신화일 뿐 • 43

    누가 운전대를 잡고 있는가? • 43

    상황의 희생자라고? • 49

    노동시장의 노리개 • 51

희생자 이야기 • 58

    탄식의 골짜기에서 날아온 소식 • 58

    무기력을 드러내는 상투적 표현 • 64

    빌라도 증후군 • 71

    시간이 없어! • 75

    남들에게 잘 맞춰줘! • 78

    지긋지긋한 스트레스 • 80

    남에게 책임 떠넘기기 • 85

**무기력에의 의지** •88

　　나는 그것을 위해 무엇을 하는가? •88

　　행하지 않은 죄 •90

　　멋진 결심이라는 허상 •94

　　구원자가 오리라는 꿈 •96

　　소망, 기다림, 놀람 •100

　　결단 대신 만족 •102

　　의무감으로 산다고? •105

**자유의 한계** •112

　　자유에의 강요 •112

　　불가피한 것과 원하지 않은 것 •116

## 2장 무엇이 선택의 자유를 가로막는가

보상은 곧 징벌 •122

당근과 채찍 •122

인간과 실험용 쥐에 대하여 •124

욕구의 상실 •127

달콤한 마약 •131

질투와 시기 •135

무의미함에 대한 보너스 •139

위험 감수? 그건 좀 쳤다 •142

탈진 •147

칭찬은 사이렌이 부르는 죽음의 노래 •152

칭찬이 사람 잡는다 •152

성과에 따른 칭찬 •154

칭찬에 의한 조작 •156

자유에 대한 일격 •157

칭찬은 창피한 일 •159

차갑고 깔끄러운 포대기 •160

칭찬은 행위 자체의 재미를 방해한다 •164

**롤모델이라는 함정** •169

　살아 있는 짝퉁 •169

　제2의 승리자 •172

　"(힘든 일은) 형님 먼저!" •174

**행복의 죽음** •176

　비교하는 행위 •176

　자기신뢰 •180

　외부 결정에 따라 살아가기 •182

　행복은 운이 정해주는 것이 아니다 •186

## 3장 행복한 삶을 위한 자기결정의 원칙

행복은 단호한 결정의 결과이다 • 190

　인생 백전노장 • 190

　짜증을 낼 것이 아니라 상황을 바꾸어라 • 196

　불행을 선택할 필요는 없다 • 200

　백 퍼센트 '예스' • 205

　자기 책임하의 인생살이 • 208

행복하게 사는 비결 • 213

　주고받기에 대하여 • 213

　길과 목표에 대하여 • 216

　순간을 활용하라! • 218

　지금 여기에서 살기 • 226

성공이란 뭔가에 뒤따르는 것 • 229

　행복의 조건 • 229

　뮌히하우젠 남작의 속임수 • 231

이상적이어야 한다는 부담 • 233

스스로 결정하며 사는 인생 • 242

　'나'는 하나의 결정 • 242

　책임 전가는 이제 그만 • 244

의지를 갖고 결정함으로써

우리는 늘 새로운 자신을 만날 수 있다.

의지와 정체성 사이에는 밀접한 결속관계가 존재한다.

'내가 하기로 (결정)하면 나는 할 수 있다.'

이것이 정체성의 본질적인 경험이다.

프롤로그

## 예감하지 못한 가능성에 대하여

당신은 지금 이 순간 어쩌면 거실 소파나 책상 앞에 앉아 있을지도 모르겠다. 정원에서 휴식을 취하고 있을 수도 있고, 기차를 타고 먼 길을 가고 있을 수도 있다. 또 병원 대기실에서 진료를 기다리고 있을 수도 있다. 어쨌든 당신은 지금 이 책을 펼쳤다. 이제 당신에게 묻는다. 지금 이 순간, 이 책을 읽는 것 말고 다른 일, 원래 '더 하고 싶은 일'이 있다면 그것은 무엇인가? 몇몇 생각이 뇌리를 스치리라. 바하마 해변에 누워 있거나, 사랑하는 이와 함께 베네치아를 유람하거나, 알프스의 초원을 노닐거나, 친구들과 파티를 벌이거나…. 지금 이 순간 더 하고 싶은 게 무엇인지 찾아보라.

이제 당신에게 좋은 소식을 전한다. 지금 당장 '더 하고 싶은' 그 일을 해도 된다. 당신이 어디에 있든 상관없다. 당신이 정말 하고 싶었던 일을 지금 이 순간에 할 수 있다. 당장 카리브행 비행기를 예약할 수도 있고, 꿈꾸던 알프스로 트레킹을 떠날 수도 있고, 친구들을 불러 모아 파티를 벌일 수도 있다.

"지금 당장 내가 가장 하고 싶은 일을 할 수 있다니, 말도 안 되는 소리!"

당신은 분명히 이렇게 생각할 것이다. 그 생각과 동시에 지금 이 순간 당신의 마음과 느낌이 원하고 있는 바로 그 일을 할 수 없는 이유가 수백 가지는 떠오를 것이다. 틀림없다.

"하던 일들을 그냥 내버려 두고 갈 수는 없지."

"지금은 멀리 여행 떠날 돈이 없어."

"내일 사업상 중요한 회의에 참석하기로 되어 있잖아."

"가족은 어떡하고….""

"당장 어떻게 친구들을 불러 모으겠어?"

그 수백 가지 이유 중에서 중요하지 않고 심각하지 않은 것은 하나도 없다.

하지만 불가능하지는 않을 것이다. 얼핏 불가능해 보이겠지만, 정말 원한다면 가능하게 만들 수도 있을 것이다. 다만 거기에는 어떤 결과가 뒤따를 텐데, 당신은 그 결과를 지금 이 순간 받아들이려는 마음이 없을 뿐이다. 어쩌면 저축한 돈이 다 떨어져 현금서비스를 받아야 할지도 모르고, 똑같이 중요한 다른 일을 포기해야 할 수도 있다. 함께 직장을 빼먹고 떠나자고 연인을 설득하는 데에도 적지 않은 수고를 쏟아부어야 하리라. 직장에는 거짓 핑계를 그럴듯하게 둘러대야 한다. 물론 시간과 돈을 들여 친구들과 잔치판을 벌일 수도 있다. 하지만 그 일에 드는 돈이 당장은 너무 커 보이리라.

우리는 어떤 일을 하거나 하지 않을 때 드는 비용을 비교한다. 늘 의식하는 것은 아니지만, 꿈에 빠져 있을 때는 그 값이 더욱더 궁금해진다. 내가 지금까지 해온 것과는 전혀 다른 인생을 사는 데에는 돈이 얼마나 들까? 지금 다니는 곳을 그만두면 돈이 얼마나 필요할까? 배우자를 떠나버리면? 다른 나라에서 산다면? 마치 옆 차선에서 차가 나란히 달리듯 우리는 모든 가능한 대안을 점검하면서 그 행위에 수반하는 비용을 계산해본다. 그 비용은 '내 생활수준을 희생해야지' 하는 식의 물질적인 것일 수도 있고, '양심의 가책을 느낀다'는 식의 관념적인 성질의 것일 수도 있다. 이렇게 비용을 비교하여 하나의 결론에 이른다. 그리고 이 결론은 구체적인 행동으로 이어진다. 우리가 매 순간 실제로 하는 행동은, 다름 아닌 이러한 '비용 비교'의 결과이다.

그렇게 행동할 때 우리는 대체로 능동적인 역할을 하지 못한다. 그런 탓에 많은 사람이 자신을 자기 삶의 형성자가 아닌 환경의 희생자라고 느낀다. 그 결과 불만에 빠지고 자기 연민에서 헤어 나오지 못한다. 자신의 인생 열차는 늘 엉뚱한 역에 서 있고, 파티는 늘 다른 어느 곳에서 열리며, 떠들썩한 곳은 늘 다른 운동장이라고 느낀다. 당신은 어떤가? 남들이 당신보다 더 짜릿한 인생을 살고 있다는 생각이 들면 가벼운 질투심이 스멀스멀 올라오지 않는가 말이다. 늘 가던 길을 가고 있다거나 제자리걸음을 하고 있다는 기분이 익숙하지 않은가? 때로 삶이 불만스럽지 않은가? 아니, 예상보다 매우 불만스러울지도 모르겠다.

추측건대 당신은 이런 느낌, 그러니까 당신이 마치 엉뚱한 영화 속에서 연기를 하는 듯한 느낌을 잘 알고 있을 것이다. 당신 자신이 아니라, 당신의 삶에서 특정한 역할을 하는 다른 어떤 이가 당신의 인생을 좌우하는 것 같은 느낌 말이다. 그 사람은, 예를 들면 아주 윗자리에 있는 사람, 그러니까 회사 사장, 아니면 당신이 책임을 지고 있어서 실망시키고 싶지 않은 사람일 수도 있다. 돈을 벌어야 한다는 압박, 고용시장의 상황, 자녀 양육 또는 그냥 '인생의 진지함'…. 이 모든 것이 더 나은 삶이라는 당신 자신의 꿈을 실현하는 것을 방해하고 있다.

하지만 아주 진지하게 자신을 들여다본다면 그것들이 당신 스스로 고른 것임을 인정하게 될 것이다. 당신은 지금 당신이 처해 있는 상황을 다른 것보다 선호했던 것이다. 그 과정에서 어떤 혼란이 있었더라도 결국 선택은 당신이 한 것이다.

이것을 인정하면, 이제 당신은 자유로운 삶, 혹은 자유롭지 못한 삶을 살기로 스스로 결정할 수 있다. 더불어 삶의 행복 역시 스스로 결정할 수 있다. 이 말이 쉽게 받아들여지지 않을 수도 있으리라. 자신의 개인적, 직업적 상황을 자기 뜻대로 선택하였음을 인정한다면 이제 그것을 선택하지 않을 수도 있다는 말이다. 당신은 언제든지 그렇게 할 수 있다! 그런 상상만으로도 때로는 짜릿한 해방감을 얻을 수 있다.

지금 당신 귀에는 이 말이 냉소적으로 들릴지도 모르겠다. 방금 배우자와 다퉜을 수도 있고, 늘 불만만 쏟아내는 사장이 당신을 또 부당하게 대했을 수도 있다. 혹은 자식들이 아주 반항적인 태도를 보였을 수 있고, 과체중과의 전쟁을 최종적으로 포기한 다음일 수도 있으니 말이다. 그래서 당신은 "그런 건 내 선택과는 전혀 상관없어!"라고 말할 수 있다. 그러나 나는 아주 밀접한 관계가 있다고 주장한다.

이제 "그래요, 하지만…"이라는 말이 입술까지 올라온 당신에게 조금 인내를 발휘해주기를 부탁한다. 물론 다음과 같은 충분히 이해할 만한 단서를 덧붙이는 것도 가능한 일일 것이다.

"때로는 여기에서 전제한 것처럼 간단하지 않을지도 모릅니다."

"몇몇 결정은 그 결과를 예상할 수 없는 경우도 있습니다."

"현실적인 불가피함과 운명의 '한 방' 같은 것도 있는 법이지요."

한마디로 "상황이 그렇다 보니…"라는 말이다. 돌이켜보면 그런 상황들이 해마다 마치 자갈이 쌓이듯 우리의 인생 위에 차곡차곡 쌓였다. 그리고 우리는 이제 그 자갈 더미에 깔려 산 채로 묻힌 듯한 기분을 느끼는 것이다. 이 모든 "그래요, 하지만…"에 대해 나는 자세히 파고들 것이다.

그러나 가장 중요한 것은, 오히려 좀 소박하기는 하지만, 당신이 '스스로 선택하였다'는 표현의 의미를 인식하는 일이다. 왜냐하면 이것이 한마디로 당신의 삶에 '실질적'이기 때문이다. 달리 표현하면, 이 책은 당신이 "결정은 나 자신에게 달려 있다"는 생각을 실제로 철저히 테스트하고, 그것이 당신의 일상적인 삶에 얼마나 유용한지를 확인하게 해줄 것이다.

## 이 책에서 중요하게 여기는 것과 그렇지 않은 것

나는 이 책에서 어떻게 하면 난관을 더 잘 돌파하고, 정신적 문제를 더 잘 극복할 수 있는지, 어떻게 하면 당신이 현실에 더 잘 적응하거나 더 유연하게 반응할 수 있는지를 보여주지는 않는다. 이른바 '적극적 사고방식'이라는 것은 나의 관심사가 아니다. 그 모든 것이 다 인생사의 특정한 어려움을 덜어줄 수도 있고, 약간의 위안과 함께 문제점을 가려줄 수도 있으리라. 그러나 그런 식의 접근 방식은 결국에는 수동적이며 미약한 것으로 남고 만다.

내가 이 책에서 중요하게 여기는 것은 인생을 살아가면서 당신이 지녀야 할 '의식'이다. 또 중요한 것은 명확함, 결과 그리고 자신의 인생 열차를 타고 올바른 역에 서 있다는 느낌이다. 나는 어떻게 하면 당신이 인생에서 적극적인 역할을 떠맡을 수 있는지, 적극적 행위를 통해 일상의 불만에서 벗어날 수 있는지, 그리고 삶 전체에 대한 통제권을 다시 확보할 수 있는지 보여주려 한다. 이 책은 당신을 원래 당신이 앉아 있던 인생의 운전석으로 인도해주려고 한다.

이 책에서 주장하는 몇몇 메시지는 원래 기업의 최고 경영진을 위해 작성하였던 것이다. 내가 이를《동기유발의 원칙Mythos Motivation》과《자기책임의 원칙Das Prinzip Selbstverantwortung》이라는 제목으로 출간하자, 이 글들이 직장생활에만 고무적이며 도움이 되는 것이 아님을 수많은 독자가 알려주었다. "그건 모든 사람에게 해당하는 내용이 아닙니까"라는 평이 쏟아졌다.

이 책은 그런 격려에 힘입어 태어났다. 1장에서는 일상에서 느끼는 무기력과 이별하고, 스스로 인생을 결정할 수 있음을 보여준다. 나는 책 전체에 걸쳐서 스스로 '결정'했음을 인식하고 적극적으로 '행위'할 것을 강조한다. 행운은 결코 운이 아니기 때문이다. 행운을 어떻게 이해하든 그것은 그냥 당신에게 우연히 들이닥치는 그 무엇이 결코 아니다.

*행운이란*
*스스로 책임지는*

단호한 행위의 결과이다.

이런 적극적인 역할을 떠맡아 행하려면 에너지가 있어야 한다. 인생을 살아갈 때 필요한 에너지는 어디에서 올까? 뭔가를 행하고 변화시키려는 동기는 어디에서 나오는 것일까? 원칙적으로 이 에너지는 자기 내면에서 또는 자기 외부에서 끌어올 수 있다. 당신은 자기 인생을 스스로 컨트롤할 수도 있고, 다른 이에게 맡길 수도 있다. 전자의 경우에는 자신이 자기 삶의 원인이자 원천이 된다. 후자의 경우에는 자기를 둘러싸고 일어나는 일에 반응하는 삶을 살게 된다. 이 두 가지 인생을 완전히 별개의 것으로 분리할 수는 없지만, 구별할 수 있을 것이다. 어떤 영역에 우선적으로 머물지는 당신이 선택할 수 있다.

2장에서는 에너지가 외부에서 올 때, 남에게 결정을 맡길 때 어떤 일이 일어나는지를 보여준다. 다른 사람이 당신을 밀고 당기면, 또 타인의 통제를 받고 모든 종류의 보상, 돈, 보너스, 칭찬과 비난, 롤모델, 은밀한 뇌물 등의 동기부여를 받는다면 어떤 결과, 어떤 부수적인 현상이나 부작용이 생길까? 당신에게 묻는다. 스스로 당근과 채찍의 굴레로 들어가면 당신에게는 무엇이 남는가? 또 묻는다. 지금 당신이 자기만의 길을 가지 못하게 막는 것은 무엇인가?

3장의 주제는 에너지가 내면에서 나오면 어떻게 되는가이다. 자신의 삶을 스스로 장악하기 위해서 당신은 무엇을 할 수 있는가? 적극적으로 나서서 자기 인생의 열차를 운전한다면 무슨 일이 일어나는가? 더 이상 다른 사람이 제시한 목표를 따르는 게 아니라 스스로 동기를 부여하고 스스로 책임지는 삶을 산다면 어떤 일이 일어나는가? 자기 인생의 행복을 위한 책임을 스스로 떠맡을 때 어떤 생각이 도움이 되는가? 어떤 생각이 자신감을 강화해주는가? 스스로 결정하는 삶이란 결국 무엇을 의미하는가?

내가 강연에서 이런 이야기를 하면 많은 사람이 신속하게 동의를 표한다.

"당연한 말이에요! 나도 이미 알고 있는걸요."

그런데 내가 그들의 구체적인 인생 상황에 관해 질문하면 그들은 엄청난 저항력을 발휘한다. 내가 그들에게 행위할 것을 요구하면 그들은 풀이 죽어 고개를 저으며 말한다.

"유토피아 같은 소리군요."

"몽땅 이론일 뿐이죠!"

그리고 모든 악담 중에서도 최악의 악담이 튀어나오기도 한다.

"그건 철학이오, 철학!"

이런 반응은 우리의 지성이 옳은 것은 무조건 유지하고, 다른 성향의 경험은 부당한 것으로 치부하는 방식과 연결되어 있음을 보여준다. 우리는 말하자면 우리 과거를 '방어'하고 있다. 또 자신이 내린 삶의 결정을 정당화한다. 그런데도 나는 당신을 초대한다. 설사 이 책의 일부 구절이 당신이 보기에 터무니없고 전혀 공감할 수 없다고 하더라도, 당장 이 책을 옆으로 밀쳐내지는 말기를 바란다. 경악은 곧 현실에 대한 통찰이다. 단 한 번도 도발적이지 않았던 사람은 결코 도발하지 못한다.

책을 읽어나가다 보면 많은 것이 내가 앞에서 말한 대로, 용기를 주고 해방감을 주는 메시지로 받아들여질 것이다. 자기를 직면할 때 나타나는 미소가 당신의 얼굴에 마술처럼 번지는 일도 간간이 일어날 수 있다. 어쨌든 나는 당신이 이 책에서 자기의 삶과 자기에 관한 질문을 '재발견'하기를 바란다.

수많은 격려와 침묵의 지적 그리고 적극적으로 이의를 제기해준 카린 바이퀴프너와 브리타 크로커, 또 책이 완결되기 전부터 이 책에 신뢰를 보내준 자비네 길리암에게 특히 고마움을 전한다.

# 1장

# 내 삶의 지휘자는 누구인가

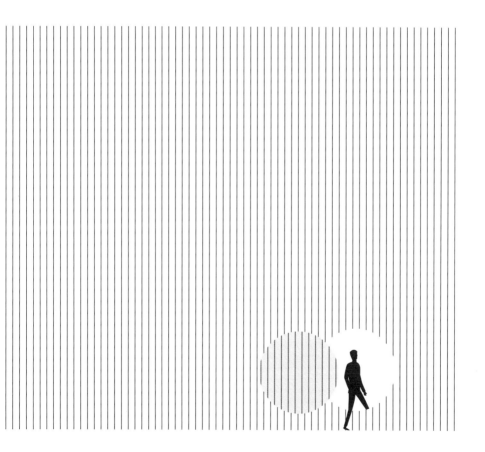

# 자유롭게 선택할 수 있는 것이 곧 권력이다

### 늘 그날이 그날

수요일 아침. 막 잠자리에서 일어난 순간, "안녕하세요. 무척 상쾌한 아침입니다!"라는 경쾌한 음성이 귓전을 때린다. 라디오 전화 퀴즈 프로그램의 시작을 알리는 진행자의 목소리이다. 아마도 그 사람만이 유일하게 잠을 푹 잔 듯하다. 재빨리 전화해서 프로그램 후원 업체의 광고 문구를 읊어대면 모리셔스 여행 티켓이 얻어걸릴지도 모른다. 그래, 모리셔스라면 여기보단 따뜻하겠지. 거기 가 있으면 어제 사장이 더 검토해보라며 책상에 던져놓고 간 보고서를 다시 쓸 일도 없으리라. 또 현관에 '전기요금 이체할 것!', '재활용 쓰레기 내놓을 것!'이라고 적힌 노란 메모가 붙어 있지도 않을 것이다. 지금 수도꼭지에서는 물방울이 뚝뚝 떨어진다. '3주 전에 수리하려고 했는데…'라는 생각이 아스라이 떠오른다.

지금까지 살아온 여느 날보다 더 낫다 할 것도, 더 못하다 할 것도 없는 하루. 집에 돌아오면 "오늘 회사 일은 어땠어?"라는 질문에 "늘 그렇지, 뭐"라고 대답한다. 어제나 그제나 늘 똑같은 물음에 똑같은 대답이다.

당신도 한때는 이와는 전혀 다른 인생을 상상했으리라. 하지만 그건 벌써 옛날이다. 어찌어찌하다 보니 그냥 이렇게 되고 말았다. 마치 저절로 그리된 듯 말이다. 그래도 이제는 '누울 자리 보고 다리 뻗는' 정도의 주제 파악은 한다. 별다른 문제는 없다. 그저 이따금 자동차가 말썽을 부려 시동이 걸리지 않거나, 외투 자락이 자동차 문에 끼이거나, 아파트 관리인에게 주차를 똑바로 하고 다니라는 주의를 열 번쯤 받고 나면, 그 모든 것을 비 맞은 개 빗물 털듯 다 떨쳐 버리고 싶은 충동이 일어난다. 하지만 저 인도양의 모리셔스는 언감생심이다!

인생을 무겁게 만드는 수많은 사소한 일 말고도 정말 어깨를 내리누르는 문제들도 있다. 직장을 다니다 보면 구조조정의 파도가 들이닥치는 때도 있을 것이다.

"잘 알다시피, 우리는 모두 회사라는 대가족의 일원입니다. 우리 가족의 가장 큰 어르신이 결정을 내렸습니다. 당신은 곧 둥지를 떠나야 할 것입니다."

누가 그 첫 대상자가 되고, 퇴출이라는 카드 패를 받은 자에게는 어떤 미래가 기다리고 있을까? 어쨌든 요즘 같은 시절에는 그저 조신하게 행동해서 눈 밖에 나지 않는 게 현명해 보인다. 작년에 지방에 있는 어느 기업에서 스카우트 제의가 왔을 때 그걸 받아들였어야 했는지도 모른다. 하지만 괜히 이사해서 아이들에게 엄청난 부담을 주고 싶지는 않다(아이들은 막 생활에 적응해가고 있고, 오래전부터 갈망하던 친구들도 사귀게 되지 않았던가. 그러니 이사는 도저히 생각할 수가 없었지!). 게다가 집 문제도 있다. 몇 년 전에 집을 새로 장만해서 수리까지 말끔히 마치지 않았던가 말이다.

당신을 분주하게 만든 것 중에는 어쩌면 또 다른 사연들도 있을 것이다. 이런저런 의무들을 이행하다 힘에 부쳐 나가떨어지기도 한다. 오래전부터 배우자나 연인과의 사이에 긴장감이 흐르고 있다. 집을 사느라 빌린 대출금도 갚아 나가야 한다. 장모나 시어머니의 간병을 해야 하는 상황이다. 그들을 양로원 간병실로 떠밀어 넣고 싶지는 않다. 하지만 휴가를 제대로 즐기지 못한 지도 꽤 되었다. 어쩌면 일찍 결혼한 대가인지도 모른다. 생활비 지출도 만만찮다. 혼자 아이를 키우며 사는 사람은 스스로 밥을 해 먹고, 빨래하고, 아이를 돌보고, 돈도 벌어야 한다. 원대한 목표를 접고, 이제 영화관 스크린 속에서나 꿈의 실현을 구경해야 한다는 현실이 가슴을 답답하게 만들 것이다.

이런 상황에 처해 있다면, 이제 이렇게 해보자. 당신의 일상을 구성하는, 당장 때려치우고 싶은 모든 환경, 현실적 제약, 그리고 온갖 의무 등을 하나하나 열거해보라. 목록이 꽤 길다고? 하나같이 아귀가 척척 맞아떨어진다고? 그래서 결국에는 도저히 어찌 손대볼 길이 없어 그냥 그대로 할 수밖에 없다는 확신이 들고 만다고? 당신이 원해서가 아니라 정말 '상황'이 그래서 달리 어찌해볼 도리가 없다고?

앞에서 내가 밝힌 생각을 다시 한번 분명히 말한다. 당신은 현재의 삶을 자유의지로 선택하였다. 이런 일상, 이런 직장, 이런 사장, 이런 동료, 이 집, 이 도시, 이 배우자나 연인(혹은 독신), 이 모든 것, 저 모든 상황과 그에 따른 부수적인 인생 여건, 그 모든 것은 당신이 선택한 것이다. 따라서 그 책임도 당신에게 있다. 그것도 오직 당신에게만 말이다. 동기가 뭐가 되었든, 당신을 움직인 것은 한 가지이다. 당신이 그것을 골랐다. 당신이 현재의 모든 것을 직접 결정하고 선택하였다. 아울러 당신은 그 모든 선택을 다시 철회할 수도 있다. 그러나 거기에 상응하는 대가를 치러야 할 것이다. 그 대가가 얼마나 되냐고? 그걸 정하는 것은 당신 자신뿐이다.

선택의 자유에는 다음과 같은 규칙이 있다.

> 1. 나는 무엇이든 할 수 있다.
> 2. 그 모든 것에는 대가가 따른다.

간단명료한 두 문장이다. 하지만 소화하기가 만만치 않다. 나는 지금까지 거의 모든 것을 다 원하면서 그 대가는 치르지 않으려는 수많은 사람을 만나왔다. 어떤 것을 선택하든 거기에는 특정한 결과가 필연적으로 결부되어 있다. 대가를 받지 않도록 해주는 속임수는 이 세상에 없다. 그런데 모든 사람이 바로 그 속임수를 원하는 것 같다. 그리고 그 속임수가 이루어지지 않으면 혹은 이루어질 수 없으면 그들은 번뇌하기 시작한다.

## 놀라운 선물

개미는 알에서 나오는 순간 벌써 자기가 뭘 해야 하는지를 알고 있다. 다른 모든 동물과 마찬가지로 개미는 정해진 프로그램을 갖고 있어서 그것에 따라 살아간다. 본능을 지니고 있는 것이다. 이것이 개미로 하여금 모든 자극에 대해 확고하게 특정한 반응을 하도록 지시한다.

그런데 인간은 이와 다르다. 인간은 판에 박힌 틀을 따르지 않는다. 본능에 좌우되지 않는 것이다. 인간은 자유롭다. 즉 특정 상황에서 뭘 할지 선택할 수 있다는 말이다. 동물은 '행동'하고 인간은 '행위'한다. 이것은 사실 참으로 놀라운 선물이다.

그런데 대다수 사람은 자신이 선택한다는 사실, 그것도 날마다 선택한다는 사실을 망각한다. 자신이 처한 생활환경이 자신이 매일 선택한 결과임을 잊어버린다. 만약 자신이 원하기만 한다면 그런 삶을 선택하지 않을 수도 있으리라는 것, 그리고 자신이 책임져야 할 여러 가지 이유에 따라 그렇게 선택하지 않았음을 망각하는 것이다. 당신은 아무런 애정을 느끼지 못하는 배우자를 날마다 되풀이하여 선택한다. 주기적으로 부글부글 끓어오를 만큼 열받게 하는 사장에게 매번 "예, 예"하며 굽신거린다. 똑같은 도로에서 매일 벌어지는 자동차 정체 현상도 마찬가지이다. 도무지 의욕이라고는 없어서 아무것에도 나설 생각을 하지 않는 동호회의 동료 회원을 선택한 이도 당신 자신이다. 과체중? 그것도 날마다 당신이 선택한 결과이다. 당연한 말이지만, 월급은 늘 너무나 적다. 하지만 그것도 매달 월급날에 당신이 선택한 결과이다.

이 책의 〈프롤로그〉에서 언급한 책 읽기 상황에 견주어 말하면, 당신은 지금 이 순간 이 책을 읽고 있다. 만약 그보다 더 하고 싶은 일이 있다면 그 일을 하면 된다. 그런데도 계속 책을 읽는다면 지금 이 순간 당신의 삶에서 이 책을 읽는 것보다 더 중요한 일은 없다.

나의 주장이 너무 비약적이라고 생각하는가? 실제로 당신에게 다른 더 중요한 일이 있다면 어떨까? 당신은 잠시도 망설이지 않고 이 책을 옆으로 치워버리지 않을까? 아무도 그런 행위를 막을 수 없으리라.

이 순간 당신의 삶을 구성하는 것은 당신이 선택한 것들이다. 물론 인생에는 다른 길도 늘 존재한다. 대개는 하나가 아니라 여럿이다. 하지만 많은 이들이 하나의 길을 통해서만 목표에 이르거나 문제를 해결하려 한다. 다른 길, 혹시 자신만의 것일지도 모를 특별한 길을 가겠다는 생각은 하지 못한다. 대안을 찾거나 새로운 방법으로 접근하기보다는 오히려 지금 하는 방식으로 더 열심히 노력한다. 그렇게 해도 안 되면 뒤로 물러난다. 그리고 결국 포기하고 만다. 물론 그것을 선택하는 것 역시 언제나 당신이다.


## 감옥살이 같은 인생도 자기 선택의 결과

"병가를 내고 우리와 같이 시위하는 게 어때?"

시위대가 독일 니더작센주의 소도시 단넨베르크에서 막 임무에 투입된 동료 여순경 탄야에게 외쳤다. 하지만 그녀는 단 1초도 그런 생각을 하지 않았다고 한다.

22세의 탄야 순경은 금요일부터 핵폐기물을 실은 열차가 인근의 고얼레벤시에 안전하게 도착하도록 하는 작전에 투입되었다.

그녀가 자신의 임무를 완수하였다고 해서 그녀가 그 일을 꼭 해야 하는 일이라고 확신했다고 볼 수는 없다. 핵폐기물 수송 작전에 처음 투입된 탄야 순경은 '만약 선택할 수 있었다면 나는 이 폐기물을 지키느니 차라리 시위를 했을 거예요'라고 말한다. 그녀는 핵폐기물이 담긴 여섯 개의 용기에서 방사능이 누출되어 주변 지역에 해를 입힐 것이라고 확신하기 때문이다. 그러나 탄야 순경은 선택권을 갖고 있지 않았고, 자신이 옳다고 여기는 일을 외면해야만 했다. (〈프랑크푸르트 알게마이네〉 1997. 3. 5. 기사)

이 기사는 우리가 자신을 어떻게 프로그램화하는지를 어떤 이론적 추론보다 잘 보여준다. 탄야 순경은 자신에게 선택권이 없다고 믿고 있다(이는 경찰 직무집행법상 옳지 않다). 또 독일을 대표하는 언론사 〈프랑크푸르트 알게마이네〉 역시 그녀의 말을 증명해준다. 기사에서 그녀가 '선택권을 갖고 있지 않았다'고 분명히 밝힌 것이다. 정말 아무런 선택권을 갖지 못했다면 그녀로서는 참으로 안타까운 상황이 아닐 수 없다. 이러한 일종의 '자기 비하'는 착한 사마리아 여인에 대한 측은지심, 즉 대중의 동정심을 유발하므로, 신문의 독자는 "그녀는 정말 안됐구나"라고 한탄하게 되는 것이다.

그러나 사실은 이렇다. 탄야 순경은 자신이 할 일의 결과를 비교해보았다. 그런데 수송 작전 임무를 거부할 경우 대가가 너무 크다는 생각이 들었다. 어쩌면 경찰 공무원 생활을 접어야 할지도 몰랐다. 추측건대 그녀는 작전 투입을 거부했다가 동료 경찰들로부터 비웃음을 살 수도 있었을 것이다. 비겁한 겁쟁이라는 소리는 절대로 듣고 싶지 않았으리라. 이 모든 것을 그녀는 피하고 싶었을 것이다. 물론 다 이해할 수 있다. 나 역시 그녀가 처한 딜레마를 충분히 짐작할 수 있다. 그러나 그것들이 그녀 스스로 모든 것을 결정했다는 사실을 바꿀 수는 없다. 선택권은 그녀가 갖고 있었으며, 그녀는 여러 가능성 중에서 하나를 선택하기로 결정한 것이다. 그러니 그녀의 처지를 안타까워할 이유는 전혀 없다.

많은 직장인이, 예컨대 다른 도시로 전근을 하거나 외국에서 근무해야 할 때 가족에게 "다른 방법이 없었어"라며 자신을 정당화한다. 의사결정 과정에서 사람들은 종종 극과 극을 오가는 감정 변화를 겪기도 한다. 이런 결정 과정을 대수롭지 않은 것으로 깎아내리지는 않겠다. 나 역시 인간 내면의 이러한 분열성을 경험해보았고 그것이 얼마나 부담스러운지도 잘 알고 있다. 그러나 그렇게 하기로 결정한 이상, 그때의 느낌이야 어떻든 간에, 그들은 회사의 요구에 부응하기 위해 가족의 요구를 외면한 것이다.

그들은 달리 어쩔 도리가 없었다는 자신의 변명이 꽤 그럴듯하고 다른 가족들이 그것을 이해해주리라고 기대할 것이다. 그런데 실상은 그렇지 않다! 선택권은 회사가 아니라 자신에게 있다. 그런데 그들은 자신의 결정과 맞대면하지 않고 회사 핑계를 대는 것일 뿐이다. 마치 눈을 감으면 남들이 자기를 보지 못하리라고 믿는 어린아이들처럼 말이다.

나는 열차 여행 중에 시청에 근무하는 한 공무원과 대화를 나누게 되었다. 그는 자신이 기업체로 옮겨 훨씬 더 많은 돈을 벌 기회가 있었다며 안타까워하였다. 나는 이의를 제기하였다.

"선생이 공직자의 길에 들어섰을 때는, 그 선택이 평생 청빈하게 살겠다는 서약이라는 걸 알고 있지 않았습니까? 그렇지 않더라도 선생은 언제든지 공직을 포기하고 기업체에서 일자리를 찾을 수도 있지 않습니까?"

"하지만 일자리의 안정성이나 성과에 대한 부담을 생각하면…. 연금도 그렇고…."

"아, 그래서 그랬군요!"


"저도 제 마음 내키는 대로 살아도 될까요?"

많은 사람이 이렇게 묻는다. 당연히 그래도 된다! 물론 이 대답이 아직은 잘 받아들여지지 않을 수 있다. 그렇지만 지금 같은 형태의 삶을 살아야 한다고 강요받은 적도 없지 않은가 말이다. 당신의 현재 삶은 당신이 내린 결정, 그리고 그에 따라 포기한 것들의 결과로 이루어져 있다. 내 말이 엉뚱하다고 느낄 수도 있으리라. 하지만 분명한 것은 당신이 뭔가에 대해 한탄하기 시작했다면, 그 일을 당신 스스로 선택한 것임을 망각한 것이다.


## 비용 비교와 가격 결정의 문제

"당신하고 결혼하고 싶어요."

한 여성이 연인에게 고백한다.

"정말, 이 세상에 당신보다 더 간절하게 원하는 존재는 없어요. 하지만 지금 남편과 헤어질 수가 없어요. 그 사람은 아마 견디지 못할 거예요. 내가 있어야 해요. 나 없이는 못 사는 사람이거든요."

그렇고 그런 멜로 드라마에서 들을 수 있는 말이다. 당신도 이와 비슷한 말을 한 번쯤 들어보았으리라. 그런데 이 여성은 정말 남편과 헤어질 수 없을까? 그녀를 남편 곁에 머물도록 하는 것은 남편에 대한 의리나 걱정일까? 그녀는 사랑이라는 가치를 버리고 의리라는 가치를 택한 것일까?

누구나 훌륭하고 성공적인 삶을 살고 싶어 한다. 그러나 그런 삶에 따라붙는 대가를 치를 준비가 된 사람은 많지 않다. 자기를 희생할 준비가 되어 있지 않은 것이다. 뼈를 깎는 노력이나 다른 것에는 눈길을 주지 않는 단호한 태도 같은 것 말이다. 필요하다면 전통과 교육이 함께 강조하는 여러 규칙도 어겨야 한다.

'이 모든 것을 그냥 내팽개쳤으면…'이라고 얼마나 꿈꾸었던가! 지루하기 짝이 없는 변두리의 삶, 재미없는 업무, 우리가 이룬 성과는 보지 못한 채 늘 몰아붙이기만 하는 사장…. 대박이 터져준다면, 다시 한번 새로 시작할 수 있다면, 이곳이 아니고 다른 도시에서라면 얼마나 통쾌할까! 말도 못 할 엄청난 잠재력이 자기 내면에 잠자고 있음을 느낀다. 거대한 에너지를 마구 발산하게 될 것 같은 기분이 든다. 만일 여유가 충분히 있다면….

사람들은 특히 중년기가 되면 이미 인생이 정해졌다는 생각 때문에 괴로워한다. '뭔가 결정적인 것이 터지지 않고서는 여생을 이런 식으로 살게 되겠지. 이제 모든 게 다 정해졌어'라고 생각하는 것이다. 결혼생활도 지금 모습 그대로, 직장도 지금 그대로일 것 같다. 그런데 의심이 스멀스멀 올라온다. 그 모든 것이 과연 다 옳았던가? 다른 결정을 했더라면 더 나은 삶을 살지 않았을까? 새로운 전환점을 만들기에는 이제 너무 늦은 걸까? 고작 이게 전부였단 말인가?

괴이한 말처럼 들릴지 모르지만, 살아가는 매 순간 우리는 자유롭게 모든 것을 뒤엎어버리고 새로 시작할 수 있다. 그런데도 대다수는 이런 자유를 한껏 활용하지 못한다. 아니, 제대로 의식조차 하지 못한다. 치러야 할 대가가 너무 커 보이기 때문이다. 그런데 새로운 결정의 결과가 과연 그렇게 끔찍할까? 정말 인생에 큰 획을 그을 만한 결정을 한다고 해보자. 예컨대 직장을 내팽개친다면 최악의 경우 무슨 일이 일어나게 될까? 실업자가 되리라고 예상하는가? 사회적 지위를 잃을까 봐 두려운가? 화려한 이력에 공백이 생긴다고? 스스로 무능하다는 생각이 들어 자존감을 잃어버리지는 않을까 걱정된다고? 안락한 삶에 마침표를 찍고 결국 자동차까지 팔게 될 거라고?

혹은 친구에게 결별을 통보하면 무슨 일이 일어날까? 친구에게 아주 분명하게, 이제 더 이상 관계를 이어가고 싶지 않다고 말한다면 말이다. 또 친구나 가족 그 누구도 예상치 못한 뭔가를 당신이 하였을 때 어떤 결과가 일어나리라고 생각하는가? 사랑하는 사람을 잃을까 봐 두려운가? 남들이 더 이상 당신을 예전처럼 달갑게 여기지 않는 것이 두려운가? 만약 그렇다면 남들의 호감을 얻는 것이 당신에게는 더 중요한 일인 셈이다. 자신의 삶을 영위하는 것보다 그것이 더 중요한 것이다. 그러나 그렇게 하기로 결정했다면, 그것도 좋다.

나는 여기서 도덕적 주장을 내세우려는 게 아니다. 내가 말하고자 하는 바는 '가격 결정'의 문제이다. 어떤 것의 값을 더 비싸게 매겨야 한다거나 더 싸게 매겨야 한다는 결정은 그 누구도 대신해줄 수 없다. 결정은 전적으로 당신이 해야 한다.

어떤 사람이 직장을 박차고 나올 만큼 심각하게 여기는 일도 다른 어떤 사람은 그저 피곤한 웃음으로 넘긴다. 어떤 사람이 전 인생을 거는 일을 다른 어떤 이는 아무것도 아닌 일로 여긴다. 자살을 하는 사람도 자기 나름대로는 비교적 더 나은 대안을 선택한 것이다. 만약 당신이 일상의 모든 주어진 여건을 견딜 수 있어도, 단 하나, 차가 많이 다니는 대로변에 집이 있는 것만은 참을 수 없다고 해보자. 당신이 살 만한 조용한 곳에 위치한 집은 얼마든지 있다. 그런 곳으로 가면 된다. 그 대신 대가를 치러야 한다. 만약 직장 내에서 어떤 상황이 일어나더라도 견디며 다닐 수 있지만, 임금이 너무 적은 것만은 도저히 받아들일 수 없다고 하자. 찾아보면 현재 직장보다 월급을 몇 배는 더 안겨줄 수많은 대안이 있다. 물론 거기에도 반드시 대가는 따른다. 그 새로운 일자리는 현재 직장만큼 편하지 않을지도 모르고, 다른 도시에 있어서 가족과 떨어져 지내야 할 수도 있다. 또 더러운 일에 손을 담그거나 상당한 위험을 감수해야 할지도 모른다. 그런데 그런 것은 원하지 않는다? 그건 돈을 더 버는 일이 그만큼 중요하지는 않다는 뜻이다. 그래서 그렇게 하지 않기로 결정한 것이다.

> "난 할 수 없어"라고 말하는 것은
> '하지 않겠다'는 뜻이다.

"그건 다 이론일 뿐이야!"

누군가는 이렇게 말할 수도 있을 것이다. 과연 그럴까? 모든 게 이론에 불과하다? 아니, 틀렸다. 나는 누군가에게 직장을 때려치우라고 권하고 싶은 생각은 전혀 없다. 많은 사람이 세월이 흐르면서 안락한 삶에 길든 나머지, 가진 것을 잃을 거라는 두려움 때문에 자유를 구속한다. 그리하여 선택의 자유는 이미 손닿을 수 없는 먼 곳으로 달아나버린다.

아귀를 맞춰 생각해보면 이렇다. 우리는 편안함을 희생할 준비는 되어 있지 않지만, 날마다 끔찍하기 짝이 없는 일터로 가서 시달릴 준비는 되어 있는 것이다. 이것이 '결정'이다. 물론 누군가는 다른 결정을 내렸을 수도 있다.


## 마른하늘에 날벼락이 치기도 하는 법

때때로 분명하고 의식적인 결정을 내리는 것보다 더 어려운 일은 없는 듯하다. 우리가 내린 결정이 어떤 결과를 가져올지 완벽하게 예상할 수는 없다. 우리는 거의 늘 불완전한 정보에 따라 결단을 내리지 않으면 안 된다. 수많은 가능성이 젖빛유리 뒤편에 숨어 있다. 달리 말하면, 임마누엘 칸트가 표현했듯이, "결단의 필요성이 인식의 가능성을 능가"하는 것이다. 지금 결정한 것 너머에 미처 생각하지 못한 큰 문제들이 우리를 기다리고 있을 수 있다.

우리는 외부의 영향에도 당연히 노출되어 있다. 어떤 것을 선택하는 행위는 자연의 법칙이라는 테두리 안에서만 가능하다. 우리는 중력의 법칙을 벗어날 수 없다. 아무도 없는 섬에서 혼자 외로이 살아가려는 사람은 거의 없다. 인간은 사회적 존재이므로 목표를 달성하기 위해서는 다른 인간의 존재가 필요하다. 특히 우리의 통제 범위를 벗어나 있는 사건들, 예컨대 정치, 경제 혹은 질병 같은 문제가 닥치기도 한다. 때때로 우리는 스스로 내린 결정에 뒤따르는 결과 때문에 몹시 힘겨워하기도 한다. 그 결과를 늘 예견할 수 있는 것은 아니며, 늘 기분 좋은 것도 아니다. 그렇다. 인생에는 '마른하늘에 날벼락' 같은 일도 있는 법이다. 그러면 우리는 "그건 내가 선택한 게 아니야. 그냥 나를 덮친 거란 말이야"라며 항의한다. 그래, 그럴 수도 있다.

그러나 넓게 보면, 당신은 자신의 선택에 뒤따르는 가능한 모든 결과를 함께 선택한 것이다. 살아간다는 것은 언제나 목숨을 내놓아야 할 만큼 위험한 일이다. 철학자 마르틴 하이데거는, "인간은 태어나는 순간 이미 죽을 준비가 되어 있다"라고 설파하지 않았던가 말이다. 만약 지진 때문에 집 천장이 무너져 내려 압사하게 되었다면, 그것 역시 지붕 있는 집에서 살기로 한 결정이 선행하였기 때문에 일어난 것이다. 이 말이 궤변처럼 들릴 수도 있다. 그러나 실제로 그런 이유로 건물에 들어가기를 거부하는 원시 부족도 있다. 혹은 집

바로 앞의 한적한 차도에서 차에 치인, 소위 '불운'을 한탄하는 경우도 마찬가지다. 사건 하나하나를 보면 너무나 비극적이고 슬픈 일이 아닐 수 없지만, 그가 차도를 이용해 길을 건너기로 하였다면 그는 이치상 차에 치일 가능성까지 함께 선택한 것이다.

이런 말이 너무 일반적이고 원론적이라고 비난하는 사람도 있을 것이다. 그럼에도 불구하고 어떤 사건에 대한 반응에 여러 가지 가능성이 있다는 것은 확실하다. 예상하지 못한 일이 일어난다면 그건 당신의 선택이 아닐 수 있다. 그러나 그 일에 어떻게 반응할 것인가? 그것은 이미 당신의 선택이다.

# 현실적 압박은 꾸며낸 신화일 뿐

### 누가 운전대를 잡고 있는가?

지금 인생이라는 자동차의 운전석에 앉은 사람은 누구인가? 당신 자신인가 아니면 회사 사장인가? 당신인가 아니면 배우자인가? 당신인가 아니면 돈, 운명, 온갖 관계 따위인가? 혹시 지금 그런 '주변 상황'에 당신 인생의 운전대를 맡기고 있는가? 아니면 당신이 '나' 아닌, '남'이라는 이름의 무시무시한 국제적 음모의 희생자라도 되는가?

'현실적 압박'이라는 구실은 자유에 대해 거부 의사를 표시하는

데 가장 적절한 것 같다. 사람들이 현실적 압박에 굴복하는 이유는 해야 한다고 생각하는 일을 하거나 그저 남들처럼 살기 때문이다. 누구인들 왕따가 되고 싶겠는가? 필요의 길은 자유의 길보다 더 잘 닦여 있는 법이다. 그 길은 낯익은 땅, 안전이 보장된 곳이다. 그런데 현실적 압박이라는 것이 과연 존재할까? 그런 말은 생각하기 싫고 지금 이대로가 편안하다는 뜻일 뿐, 그저 겉으로 그럴듯하게 둘러대는 핑계가 아닐까? 나의 주장은 이렇다.

> **현실적 압박이란 존재하지 않는다.**

내가 이렇게 말하면 사람들은 "그렇지 않아! 당시에는 어쩔 도리가 없었다니까!"라며 열을 낸다. 그러면서 재빨리 방어 자세에 들어간다. 가족이 어쩌고, 부동산이 어쩌고…. 그 모든 것이 자신의 선택이었음을 의식하지 못하는 사람도 적지 않다. 그들은 수십 년이 넘도록 그런 방식으로 자신의 인생 환경을 구축해왔고, 그것에 따라 자신을 희생자라고 느낀다.

그러나 이 순간 존재하고 일어나는 모든 것은, 그것이 현재 당신의 마음에 들든 그렇지 않든, 과거 어느 시점에 당신 스스로 내린 갖가지 결정의 결과이다. 물론 정확히 이런 결과를 목표로 하지는 않았을 것이다. 하지만 그것이 과거에 당신이 내린 결정의 결과라는 사실에는 변함이 없다. 어쩌면 당신은 별 의식 없이, 크게 주의를 기울이지 않은 상태에서 그런 결정을 내렸을 수 있으며, 그런 까닭에 그것을 결정이라고 여기지 않는지도 모른다. 또, 당신이 선택하지 않은 다른 대안이 너무 터무니없어 보여서 제대로 고려하지 않거나 정말 진지하게 검토하지 않았는지도 모른다. 그러나 '제대로 고려하지 않았다'는 사실에는 이미 하나의 결정이 선행해 있다. 특정한 가치 또는 생활방식을 취하기로 한 결정이다. 예컨대 당신이 직업을 선택할 때 다음과 같은 생각에 영향을 받았을 수 있다.

'다른 직업을 선택하면 나중에 실업자가 될 위험이 있을지 몰라.'

직업의 안정성을 중요하게 생각하는 당신에게는 다른 직업이 '진정한' 대안으로 보이지 않았던 것이다.

이와 관련해서 내 지인의 이야기를 해보겠다. 어린 시절, 그는 항해하는 것을 동경하였다. 바다와 거대한 배 그리고 바다 너머의 세상이 마치 엄청난 힘으로 자신을 끌어당기는 것 같다고 느꼈다. 그런데 그가 세 살 때, 부모는 이미 그가 나중에 커서 의사가 되어 자신들의 병원을 맡게 되리라고 사람들에게 떠들고 다녔다. 고등학교를 졸업한 후 잠시 그는 정말 바다로 나가겠다는 생각을 품기도 하였다. 그러나 의사가 과잉 공급되는 시대가 온다는 뉴스를 듣고 그는 자기 자리가 좁아질 것이 두려워 바다로 나가는 대신 의대에서 공부를 시작하였다. 대학 졸업 후 바닷가에서 휴가를 즐기면서 다시 그는 어릴 적 동경에 사로잡혔다. 하지만 휴가에서 돌아온 후 지도교수가 박사 학위를 받으라고 권하자 그는 자신의 '비현실적'인 꿈을 마침내 땅에 파묻어버리고 말았다. 지금 잘나가는 병원을 가진 그에게는 이런 과정이 어찌 보면 자연스럽고 합리적인 것처럼 보인다. 다만 뱃사람의 삶을 맛보지 못한 것을 남몰래 아쉬워할 따름이다. 이제 그는 과거에 자신이 어떤 결단을 내렸어야 했다는 느낌조차 갖고 있지 않다. 그는 자신이 어떤 선택을 하였음을 모르고 있다. 말하자면, 그는 부모와 투쟁하지 않기로 일찌감치 결정하였던 것이다. 가업을 잇는 쪽으로, 또 안락과 사회적 명성, 그리고 안정된 삶을 선택한 것이다. 동시에 흥분과 긴장을 불러일으키는 모험 가득한 삶, 예측할 수 없는 일이 수도 없이 일어나는 그런 삶은 포기하였다. 이에 대한 평가는 그 누구도 할 수 없다. 그러나 그는 자신이 동경하던 다른 인생 길을 진지하게 검토해보지 않았기 때문에 자신이 하나의 인생을 선택했다는 사실을 모르고 있는 것이다.

많은 사람이 현실적 압박이라는 것을 그저 왼쪽 아래에서 오른쪽 위로 올라가는 성공 대각선의 일부로 여긴다. 그들은 자신만의 안전한 컨테이너를 화려하게 꾸며놓고 산다. 자신이 가진 것을 걸고 다른 뭔가를 시도하는 일은 말도 안 되는 짓으로 여긴다. 그런데 금으로 만들었다고 사슬이 아닐까? 쇠로 만든 사슬이나 금으로 만든 사슬이나 물건을 묶는 것은 매한가지이다. 누구나 알다시피, 그들을 구속하는 더 안전하고 화려해 보이는 황금 사슬은 그들의 심장과 은행 계좌를 점점 더 비대하게 만든다.

사실 개개인의 처지에서 보면 다른 것을 선택한 결과, 새로운 시도를 한 대가는 엄청나게 클 수 있다. 물론 나는 누군가에게 현재의 안락과 탄탄한 물질적 안정을 희생하라고는 절대 말하지 않을 것이다. 그것은 경솔한 짓이다. 내가 말하고자 하는 것은, 자신의 것을 고수함으로써 일어나는 결과에 책임을 지고, 그것이 자신의 결정에 따른 결과라고 인정하며, 그 대가인 변화 없는 인생을 받아들여야 하는데도 많은 사람이 그렇게 할 준비가 되어 있지 않다는 사실이다.

**어떤 안락함이든 그것에 대해서는 값을 치러야 한다.**

부동산不動産이 그냥 부동산인 줄 아는가? 그것은 사람을 부동不動하게 만든다. 직업 활동을 하면서 날마다 무시당하거나 무례한 대접을 받을 뿐만 아니라 자신의 명예와 신념을 희생할 준비가 되어 있으면서도, 6기통 자동차는 절대 포기하지 못하는 사람을 나는 많이 알고 있다. 그들은 날마다 그런 삶을 선택한다. 그런 인생은 그들이 선택한 것이다.

그러므로 "나는 할 수 없어"라고 말한다면 그것은 곧 '하지 않겠다'는 뜻이다. 다른 뭔가가 더 중요하다는 말이요, 선택을 바꾸는 데 따르는 값을 치르지 않겠다는 뜻이다. 그 자리에 머문 이유에 대한 평가는 그 누구도 할 수 없다. 그러나 그렇게 변화를 택하지 않은 채 불평만 한다면, 그 불평은 사실상 전혀 중요하지 않은 것이다. 어쨌든 행동에 나서게 할 정도로 중요하지는 않다는 뜻이다. 또 위험에 대한 두려움을 이겨내게 할 만큼 유의미하지는 않다는 뜻이다.

　그럼 이런 상황을 당신에게 적용해보자. 카리브해의 요트 강사라는 꿈같은 직업을 선택하지 못하게 하는 존재는 누구인가? 뒤늦게라도 대학에 다니겠다는 걸 막는 건 누구이며, 다른 나라로 이민을 가거나 여행을 떠나는 것을 막는 사람은 누구란 말인가? 바로 당신 자신이다. 다른 누구도 아니다. 당신 자신이 냉난방이 되는 안전한 컨테이너 속의 편안한 삶을 버릴 생각이 없는 것이다. 나는 그걸 비판하고 싶지 않다. 하지만 가족이나 주변 상황에 책임을 돌리지는 말기 바란다. 당신은 원하기만 하면 그 모든 것을 선택할 수 있고 계속 지금처럼 살 수도 있다. 단 그 환경을 스스로 선택하였다는 의식을 갖고 그렇게 하기 바란다. 그러면 책임 전가의 근거가 사라지게 된다. 더는 "난 할 수 없어, 왜냐하면…"이라고 말할 수 없게 되는 것이다.

## 상황의 희생자라고?

나는 '선택은 자유'라는 주제로 아버지와 대화를 나누었을 때 아버지가 보인 반응을 아직도 생생히 기억하고 있다. 아버지는 어른답게 온화하면서도 자신의 온 인생 경험을 담아 이렇게 말씀하셨다.

"선택은 자유라… 넌 그걸 아마 대학에서 배운 듯하구나. 하지만 인생이란 그것과는 아주 딴판이란다."

그 증거로 아버지는 나치 시대에 겪은 당신의 경험을 들려주셨다.

"당시 우리는 총살당했을지도 모른다."

탕! 거기에는 명확한 논거가 있었다. 나중에 나는 사회생활을 하면서 그 비슷한 이야기를 숱하게 들어야만 했다. 최근에는 이렇게 바뀌었다.

"나는 아무것도 할 수 없소. 나는 그저 브뤼셀에서 오는 지시만 따를 뿐이오."

경영자들은 늘 이런 말을 되풀이한다.

아이들은 부모의 행위 동기를 평가할 수 없다. 그들에게는 그럴 권한이 없다. 나 역시 반 히틀러 운동에 가담하지 않은 아버지의 결정을 비판할 수 없다. 그러나 당시 총살당한 사람들이 있었다. 그것은 선택할 수 있는 사항이었다. 한쪽이 도덕적으로 우위에 있고 다른 한쪽은 비겁하다고 말하는 것이 아니다. 다만 내가 말하는 바는, 자신이 선택한 결과에 대해서는 그것이 아무리 엄청나다고 해도 스스로 책임을 져야 한다는 것이다.

자유란 참으로 놀라운 것이다. 우리 대다수는 자유를 동경하고, 그것을 최고의 선으로 여긴다. 하지만 동시에 자유는 많은 사람에게 살 떨리는 공포감을 불러일으키기도 한다. 자유는 책임을 요구하기 때문이다. 예컨대 현대 사회에서 범죄를 어떻게 바라보는지를 생각해보자. 교양 있는 시민들은 범죄를 황폐한 가족관계에서 비롯된 참화라거나 정신적 결함, 열악한 사회적 환경 탓이라고 여긴다. 그런 상황에서는 '어쩔 수 없이' 범죄에 빠지고 만다는 것이다! 이렇게 인간의 약점을 전제한다면 범죄자들은 애당초 성숙하지 못한 사람들이다. 그리고 그들의 불법 행위는 스트레스, 성공에 대한 압박감, 또는 다른 사악한 힘의 탓이 된다. 이런 논리에 따라 결국 범죄는 '환경' 탓이지 범죄자 탓이 아니라는 결론에 도달한다.

그 이유는 자명하다. 자유와 책임의 관계를 명확하게 이해하지 못하기 때문이다. 악행을 정신적 탈선으로 치부하고, 죄지은 이는 역경의 한가운데에서 그만 돌부리에 걸려 넘어진 동료 시민이라고 미화한다. 결국 범죄에 대해서 아무에게도 책임을 물을 수 없게 된다. 나쁜 것은 오직 '상황'뿐이다. 하지만 이런 속임수는 가장 단순한 논리 검증에도 무너지고 만다. 얼마나 많은 사람이 힘들고 열악한 상황에서도 범죄를 저지르지 않고 사는가?

우리 사회가 범죄의 책임을 '상황' 탓으로 돌리면 재앙 같은 결과가 나타난다. 범죄자를 환경의 희생자로 치부함으로써 그들 스스로 희생자라고 느끼게 만드는 것이다. 어쩌면 사람들은 이런 의문을 가질지도 모를 일이다.

'내가 네 살 때 아버지가 어머니를 버렸는데, 그 때문에 내가 이렇게 된 게 아닐까?'

'나는 대학 공부를 하지 못했으니 사회적으로 차별받은 것이 아닐까? 그렇다면 나는 국가에서, 사회보험에서, 남에게서 그것을 보전해도 되지 않을까?'


## 노동시장의 노리개

선택의 자유와 개인의 책임을 분명히 이해하기 위해 또 다른 사례를 들어보겠다. 당신이 일하던 회사가 파산하는 바람에 한순간에 길거리로 나앉게 되었다고 가정해보자. 갑자기 일자리를 잃게 되었을 때의 무력감을 상상해보라. 사람들은 일자리가 없어지기 전까지는 자기 직업에 대해 늘 불평불만을 쏟아낸다. 그런데 그것이 현실이 되면 결코 웃을 일이 아니다.

나는 이 주제가 결코 가벼운 문제가 아니라는 것을 잘 알고 있다. 그런데도 이렇게 묻는다. 당신이 일자리를 잃은 것은 누구 때문인가? 뇌리에 떠오르는 사람이 몇 명 있을 것이다. 손가락으로 그를 가리킬 수도 있으리라. 회사의 경영진, 무자비한 경쟁업체, 당신이 종사하던 업종에 더 이상 보조금을 지급하지 않으려는 경제부처 장관, 시장을 규제하지 않은 정부, 임금 협상에서 양보하지 않았던 노조.

하지만 계속 이렇게 자문해보라. 이 회사를 선택한 사람은 누구인가? 당시 다른 대안을 받아들이지 않은 사람은 누구인가? 이 일을 하기로 결정한 사람은 누구인가? 그냥 지나칠 수 없는 경고 신호가 있었는데도 더 나은 미래가 오리라고 기대한 사람은 누구인가? 지난 몇 년 동안 사람을 사귀기 위해, 다른 대안을 마련하기 위해, 더 교육받기 위해, 자신의 스펙을 쌓기 위해 당신은 무엇을 하였는가?

비교적 늦은 나이에 나와 함께 대학을 다닌 한 친구는 '교사 과잉'의 시대인 1980년대에 교직을 이수한 탓에 교직을 얻지 못하였다. 현재는 택시 운전사로 일하며 자신의 차례가 오기를 기다리고 있다. 아직도 교사가 되기를 기다리고 있는 것이다. 그는 누군가가 적극적으로 나서서 자신을 위해 뭔가를 해주기를, 그러니까 교사직을 제공해주기를 기다리고 있다. 그러는 사이에 몇 년의 시간이 흘렀고, 여건도 바뀌었다. 그의 나이에 교사가 될 가능성은 크지 않다. 아니, 거의 없다. 그는 여전히 택시 운전을 하고 있다. 그리고 늘 이 말을 되풀이한다.

"그들이 내게 빚을 지고 있는 거지!"

무슨 빚?

"일자리 말이야."

누가?

"국가지."

인정한다. 모든 사람이 늘 동시에 모든 가능성을 갖고 있는 것은 아니다. 모두가 건설 현장 십장에서 프로그래머의 길로, 광부에서 바텐더의 길로, 열차 기관사에서 관광 가이드의 길로 갈 수는 없다. 거기에는 수많은 저항이 있고 수많은 불편함, 수많은 장애물이 있다. 어쩌면 당신은 일자리를 얻기 위해 이미 온갖 시도를 다 해보았다고 항변할 수 있다.

"구직 신청서를 이백 장도 넘게 썼지만, 나를 원하는 데가 한 군데도 없더란 말이오!"

맞다. 나는 그런 비슷한 상황에 있는 사람을 많이 알고 있다. 그러나 통곡의 벽 앞에 길게 줄지어 서 있는 것은 아무런 도움이 되지 않는다. 오히려 그 행동이 당신을 나약하게 만들 것이다.

경기장을 떠날 때 치러야 할 값이 비교적 크지 않은 시점을 많은 사람이 놓쳐버린다. 그들은 자신이 가진 것을 꼭 움켜쥔 채 그 자리에 머무르려 하고, 마치 그곳에서 '겨울나기'라도 하려는 것 같다. 그저 위기의 순간이 지나가기를 바랄 뿐이다. 일어날지도 모르는 교통사고를 생각할 때와 마찬가지다.

'설마 내게 그런 일이 일어나겠어!'

'기록적인 이혼율? 에이즈의 위험? 난 아니야.'

다들 이렇게 생각하지만 그래도 누군가는 결국 거기에 걸려들고 만다.

정말 그 문제를 해결하고 싶다면 늘 오가던 생각의 선로에서 벗어나야 한다. 함께 뛰는 다른 선수들이 당신을 포기할 것 같다면 당장 그 경기장을 떠나야 한다. 그렇지 않으면 다른 사람이 조만간 그 경기를 끝내버릴 것이다.

실직도 개개인의 행위 또는 비행위의 결과이다. 직업이 없는 사람은 현재 특정한 직업을 갖고 있지 않은 것일 뿐 다른 직업을 가질 수 있다. 그 직업은 어쩌면 지속적이지 않을 수 있고, 월급이 그리 많지 않을 수 있으며, 지금까지 해왔던 것과는 다른 직종이거나 다른 도시, 다른 나라에 가서 해야 하는 일일 수도 있을 것이다. 그러나 일자리 없이 지낼 필요는 없을 것이다.

좀 가혹하게 들릴 수도 있겠다. 특히 당신이 실직 상태라면 더 그럴 것이다. 또 우리가 같은 사회구성원으로서 가능한 한 모든 사람에게 가치 있는 삶을, 다시 말해 의미 있는 노동의 기회를 제공하기 위해서 모든 노력을 다해야 한다는 것은 말할 나위도 없다. 그러나 개인의 처지에서 생각한다면, 한탄하는 것은 아무런 도움이 되지 않는다.

어떤 경기에 참여하는 것은 동시에 그 경기의 운영에 적용되는 경기규칙까지 함께 선택하는 행위이다. 우리 경제체제의 규칙에 따라, 당신이 직장인이라면 기업 측에 의해 전근, 승진, 해고될 가능성까지를 함께 선택한 것이다. 이러한 외부 결정의 가능성을 함께 고른 것이다. 그것은 좋지도 나쁘지도 않다. 다만 선택에 따른 결과가 있을 뿐이다. 반면 자영업을 하는 사람은 다른 경기를 선택하였다. 물론 그들에게 따르는 위험도 전혀 다른 성질의 것이다. 그들은 계약을 따내지 못해서 사업을 더 이상 영위하지 못할 수 있다.

당신은 일자리를 잃을 가능성과 함께 일자리 상실에 대해 어떤 방식으로 대응할 것인지도 함께 선택하였다. 그 책임이 어디에 있는지를 오랫동안 파고들 수도 있다. 어쩌면 자기 연민에 빠져 술병을 끌어당길지도 모른다. 이 세상의 모든 착한 사마리아 사람들의 동정심을 불러들일 수도 있다. 국가가 당신이 잘되도록 보살펴주어야 한다며 그 짐을 국가에 떠넘겨버릴 수도 있다. 저절로 더 좋은 방향으로 나아가도록, 남들이 당신을 위해 뭔가를 해주도록, 동화 속의 왕자님이 나타나서 모든 것을 다시 좋은 쪽으로 되돌려주기를 기다릴 수도 있다. 하느님께 화살기도를 할 수도 있고 천사들을 신속 대응군으로 보내달라고 탄원할 수도 있다. 아니면 머리를 모래 속에 처박고 회피할 수도 있다. 그러나 한 가지 분명한 것이 있다. 일자리 없음의 책임을 다른 사람에게 묻는다면 당신은 언제나 실업자로 남게 된다!

이렇게 말하는 것은 당신의 과거 행위를 탓하려는 것이 아니라, 미래에 도움이 되기 때문이다. 그렇게 생각하는 것이 실용적이고 유용하기 때문이다. 일자리를 얻지 못한 책임을 스스로 떠맡지 않는다면 새로운 시작에 대한 책임도 지지 않겠다는 뜻이다. 그렇다면 당신은 정치인이나 기업가를 자신보다 더 신뢰하게 되고, 그 결과 진짜 문제에 봉착하게 된다.

지금 당신의 처지에 대한 책임이 기업가, 시장상황, 경쟁자 또는 외국인들에게 있다고 생각한다면 그것은 자신에 관한 통제력을 그들 모두와 기관들에 넘겨주는 것이다. 자신의 인생을 다른 사람으로 하여금 좌우하게 하는 것이다. 정말 그것을 원하는가? 무직 상태를 극복하려면 스스로 인생을 장악하는 힘이 있어야 한다. 새로 시작하기 위한 힘은 오직 남에게 아무것도 기대하지 않을 때만 얻을 수 있다. 그 힘은 국가로부터도 우연으로부터도, 또 외부의 힘으로부터도 얻을 수 없다. 모든 것을 오직 자신에게 기대할 때만 그 힘을 얻을 수 있다. 그러므로 '이제 내가 할 수 있는 것은 무엇인가? 내 행위의 가능성은 무엇인가?'라고 스스로 묻는 것이 더 실용적이다.

한탄하지 말고 행위하라!

"그런데 그게 그렇게 쉽게 되나?"

누군가는 이렇게 반문할 것이다. 나도 동의한다. 그러나 나는 그게 쉽다고 말하지 않았다. 내가 말한 것은 선택권을 당신이 쥐고 있다는 사실이다. 덧붙여 말하면, 당신이 피고용자로서 어느 회사에서 일하고 있다면 당신은 동시에 회사 사장을 차버릴 가능성까지 함께 갖고 있다. 통계적으로 봐도 고용주를 버리고 떠나는 피고용자가 그 반대의 경우보다 수십 배는 많다. 사장이나 회사를 차버린 적이 있는 사람이라면 누구나 느닷없이 찾아온 해방감과 쾌감을 알고 있을 것이다. 그것은 마치 '찰칵' 하고 전등 스위치를 켜는 것과 같은 기분이다. 실제로는 언제나 당신 자신이 고용주라는 생각을 곱씹어보기 바란다.

# 희생자 이야기

## 탄식의 골짜기에서 날아온 소식

우리는 흔히 뭔가에 성공했을 때는 '내 덕분'이라고 여기고, 졌을 때는 '남 탓'을 한다. 축구를 예로 들어 설명해보자. 국가대표팀이 이기면 '우리'가 이겼다고 하고, 반대로 지면 '그들'이 졌다고 한다. 아니면 감독이 무능하다거나, 심판이 매수되었다며 그들의 탓으로 돌리기도 한다. 일이 잘 돌아가지 않으면 우리는 음울한 운명의 세력이 가지고 노는 공이 되고, 남이 각본을 쓴 영화의 엑스트라가 된다.

담배를 끊은 지 벌써 3주째라며 "다 의지의 문제 아니겠어!" 하고 우쭐해하던 사람이 몇 주 후에 기어들어 가는 목소리로 니코틴 중독 때문에 결국 무릎을 꿇고 말았고 다시 담배를 찾게 되었다고 변명한다.

내가 아는 어떤 이는 몸무게를 3킬로그램 빼고 나서 사람들을 만날 때마다 자신이 어떻게 살을 뺐는지 설명하고, 이제는 초콜릿을 먹지 않고도 기꺼이 견딜 수 있다고 자랑했다. 그런데 몇 주 후 다시 몸무게가 5킬로그램 늘자 하는 말이 아주 달라졌다. 과체중 현상은 '유전적 소인'이라는 둥, 동료들이 자기 눈앞에서 날마다 엄청난 간식을 먹어 치운다는 둥, 또 직장생활의 스트레스는 초콜릿 없이는 절대로 견딜 수 없다는 둥 온갖 말들을 쏟아낸다.

그런 변명은 꽤 그럴듯하게 들린다. 우리 자신의 이야기에 너무 익숙해 있다 보면 끝에 가서는 스스로 그 이야기를 믿어버리는 것이다.

가수이자 배우인 프랭크 시나트라는 잔이 반쯤 차 있는지 반쯤 비어 있는지를 묻는 물음에 이렇게 답했다.

"그건 사람이 그 잔에 든 것을 마셨는지, 쏟았는지에 달려 있습니다."

자기 인생에서 좋은 점, 성공한 일, 행복한 것에 대한 책임을 떠맡는 일은 대다수 사람에게는 눈곱만큼도 문제가 되지 않는다. 약속 시간에 정확하게 도착하는 사람은 알람을 미리 맞추어 두었고, 제때 일어나 세수를 하였고, 옷을 갈아입었고, 차에 시동을 걸었고, 일찌 감치 약속 장소로 출발하였고, 약속 장소를 제대로 찾았다. 긍정적 인 것에 대해서는 대다수 사람이 어떤 때는 침묵으로, 또 어떤 때는 떠벌이면서 자신이 책임감 있는 사람임을 드러낸다. 어쨌든 나는 아 직 이렇게 말하는 걸 들은 적은 없다.

"내가 정각에 여기에 도착하도록 그 모든 게 척척 돌아간 것을 보 면 너무나 기뻐. 내 손목시계가 제대로 작동하였고, 내 차도 시동이 잘 걸렸고, 또 많은 사람이 차를 놓아두고 집에 머물러서 내 차가 밀 리지 않고 사고 없이 정각에 도착할 수 있도록 해주었어."

그러나 일이 제대로 돌아가지 않았을 때 사람들은 갑자기 희생자 로 돌변한다. 그런 사태의 원인을 상황에, 불운에, 남에게 떠넘기는 것이다. 예를 들어, 한 여성은 백화점 계산대에서 직원에게 극도로 공격적인 태도를 보이고 나서 이렇게 사과했다.

"사실 제 별자리가 백양궁白羊宮이거든요. 또 제가 형제 중 맏딸이 라서 말이죠."

그녀는 공격적인 행동을 한 것이 자기 책임이 아니라며 결백을 주장하지만, 과연 그럴까?

'긍정적'인 성과에 대해서는 기꺼이 책임을 떠맡지만, '부정적으 로' 수반되는 현상에 대해서는 예상할 수 없었던 부차적 결과와 잔여 위험이라고 둘러대는 학자들처럼, 사람들은 흔히 성공은 자신에게로, 실패는 주변 여건 탓으로 돌리는 경향이 있다. 반대로 그들은 타인의 성공은 주변 여건 덕분이고, 실패는 그 사람의 성격적 특성 탓이라고 여긴다.

이는 자기 정당화 논리와 비슷하다. 예컨대 자신이 바람을 피웠을 때는 피치 못할 이유와 사정이 있다고 둘러대지만, 남이 그랬을 때는 가혹하게 비난한다. 좋은 것은 내 것으로 만들고 나쁜 것은 남에게 떠넘기는 경향을 누구나 갖고 있다.

"난 그것에 대해 아무것도 할 수 없었어!"라는 말은 무슨 뜻인가?

"할 일이 너무 많았단 말이야!"

"시계가 안 가는 줄 몰랐어!"

"마침 그때 전기가 나간 거야!"

"시간이 충분하지 않았다니까!"

"그래, 내가 잘못한 줄 알아. 하지만 스트레스 때문에 죽을 지경이었단 말이야!"

"술기운 때문에 제대로 판단할 능력이 없었어!"

"나로서도 어쩔 도리가 없었어!"

"일진이 좋지 않았거든!"

"날씨도 우중충한데다 하필이면 화요일이었지 뭐야!"

예수를 십자가에 매달게 하고는 손을 씻으며 자신과는 상관없는 일이라고 말한 로마인 총독 본시오 빌라도처럼, 우리도 수많은 문제에 대해 결백하다고 말하며, 그 일이 우리의 통제하에 있지 않다고 강변한다.

친구와 식당에서 만나기로 약속했는데 당신이 너무 늦게 도착하였다고 해보자.

"차가 막혀서 말이야!"

"동료 때문에 사무실에서 더 일찍 빠져나올 수가 없어서."

"도대체 차 세울 곳을 찾을 수가 없잖아!"

모두 다 지각한 사람으로서는 어찌할 도리가 없는 상황들이다. 그렇지 않은가? 그런데 더 일찍 약속 장소로 나설 수는 없었을까? 사무실에서 당신을 '붙잡고 있는' 동료에게 오해의 여지가 없게 지금 나가겠다고 왜 분명히 표현하지 못하였는가?

친구가 기다리고 있는 약속 장소로 가는 게 아니라 휴가를 떠나려고 공항으로 가는 길이라고 가정해보자. 지각하는 승객을 위해 비행기가 삼십 분을 기다려주는 일은 절대 없다는 것을 당신은 잘 알고 있다. 그래서 도로 정체까지 고려해서 무슨 일이 있어도 제때 공항에 도착할 것이다.

얼마 전에 나는 과태료 부과 업무를 담당하는 경찰과 대화를 나누었는데, 그가 아주 재치 넘치는 희생자 이야기들을 들려주었다. 운전자들이 어떻게든 벌금 딱지를 피해 보려고 읊어댄 실제 이야기들이다.

"제가 키우는 거북이가 탈이 나서 동물병원으로 가고 있는데, 이 녀석이 바구니에서 기어 나와서는 그만 브레이크 발판 아래에 숨지 뭡니까. 그래서 브레이크를 밟을 수 없었어요!"

"집으로 가는 길에 새로운 길로 진입했는데, 나무 한 그루가 엉뚱한 자리에 서 있지 뭡니까? 그래서 그만 들이받고 말았죠."

"어떤 보행자가 어디로 가야 할지를 몰라 하기에 내가 차로 그 사람을 건드려주었죠."

"전봇대가 갑자기 나를 덮치는 거예요. 그래서 그걸 피하려다 차가 나뒹굴었고요. 그러니 그 전봇대가 내 차를 저렇게 만든 거죠."

겨울이 되어 첫눈이 내리면 자동차들이 미끄러지고 여기저기 부딪히는 사고가 생긴다.

"도로는 얼어붙어 미끄러운 데다 날은 어둑어둑해서 모든 차가 꼼짝 못 하고 길 위에 서 있었단 말이야!"

다들 이렇게 평계를 댄다. 하지만 눈이 내린 상황은 똑같은데 왜 몇몇 자동차만이 미끄러져 사고가 나고, 많은 다른 자동차는 그렇지 않단 말인가? 이런 현상을 어떻게 설명할 수 있을까? 누군가는 이런 상황에 대비하여 차를 몰지 않거나 특별히 더 주의를 기울여 운전했지만, 다른 누군가는 그렇게 하지 않았기 때문이다.

그렇다고 '희생자'란 있을 수 없고, 운명의 장난이나 예상할 수 없는 사건 같은 것은 없다고 말하려는 것이 아니다. 하지만 내 경험에 비추어 보면, '희생자 이야기' 중 대다수는 '책임 미루기' 시도와 다르지 않다. 재무장관 탓, 날씨 탓, 동료 탓, 아니면 차량 정체 탓이라는 것이다.

그들의 논리를 끝까지 파고들어 가 보면 다음과 같은 뜻이 되고 만다. 즉, 차량 정체가 일어나면 지각할 수밖에 없다. 불가피하다. 누구 하나 예외가 될 수 없다. 눈이 오는 밤에는 모든 자동차가 도로가에 처박히게 된다. 한 대도 빠짐없이!


## 무기력을 드러내는 상투적 표현

전화가 왔다. 흔히 그렇듯이 통화는 하염없이 길어지고, 상대는 말을 멈출 기미가 전혀 없다. 중요한 약속이 있는데 말이다. 약속 시간 때문에 속이 바짝바짝 탄다. 도저히 약속 시간을 지킬 수 없을 것 같다. 마침내 비상 브레이크를 당긴다.

"이제, 그만 끊어야 합니다!"

급히 상투적인 작별의 인사가 오간다. 마침내 그 짜증 나는 전화 통화를 끝낼 수 있었다.

당신은 애당초 전화를 받지 말았어야 했다.('…하지만 뭔가 중요한 통화인지도 모르잖아!') 전화 통화를 즉시 끝내고 전화 건 사람과는 더 좋은 통화 시간을 약속할 수도 있었다.('…하지만 전화 건 사람을 열받게 하고 싶지는 않았어!') 이런 것들에 대해서는 더 깊이 파고들지 않겠다. 더 중요한 것은, 당신이 '이렇게 하겠다(전화를 끊겠다)'가 아니라 '이렇게 해야 한다(끊어야 한다)'라고 말했다는 사실이다.

'이렇게 해야 한다'는 표현은 자신을 위축시키는 표현이다. 당신은 자신을 희생자의 자리에 놓음으로써 전화 통화를 끝내는 부담을 줄이고 싶었던 것이다. 현자 나탄은 이렇게 말했다.

"어떤 인간도 그것을 꼭 해야 하는 것은 아니다."

아무도 당신에게 통화를 끝내라고 강요하지 않았다. 당신이 약속을 지키고 싶다면, 친절하고도 분명한 어조로 "이제 통화를 끝내겠습니다"라고 말하는 것이 훨씬 더 솔직하다. 그게 너무 무례하다면 '끝내겠습니다'를 '끝내면 좋겠군요'로 바꾸고, '…약속 시간이 다 되어서 말이죠'라고 이유를 덧붙이면 된다.

이런 태도를 연습할 수 있는 아주 오래되고 효과적인 방법이 있다. 백지 한 장을 꺼내 그것을 세로로 반을 접은 다음, 왼쪽 절반에는 자신이 하고 싶지 않지만 해야만 한다고 여기는 것을 적는다. 예를 들면, 아이들을 차로 등하교시켜주는 것, 양로원에 계신 할아버지 방문하기, 욕실 청소하기, 소득세 신고서 작성하기, 옷 사기 등을 적는 것이다. 머리로 하지 말고 종이에 직접 쓰기 바란다!

적어도 열 개 정도를 찾아 적은 다음 그 각각의 사례를 오른쪽 절반에 다음과 같이 표현을 바꾸어 적는다. "나는 …하겠다. 왜냐하면 나는 …이니까." 예를 들면, "아이들을 차로 등하교시켜주는 것"을 "나는 아이들을 차로 등하교시키겠어. 그렇게 하면 아이들이 안전하게 학교에 도착했다는 것을 알 수 있으니까"라고 적는다.

열 가지 모두 이렇게 해야 한다. 그러면 자신이 늘 선택할 수 있다는 사실, 그리고 당장은 마음에 쏙 드는 것이 없더라도 여러 개의 대안을 갖고 있다는 사실이 분명해진다. 또 기꺼이 하고 싶지는 않지만 그래도 결국 하게 되는 일에 대해서, 왜 그 일을 하기로 결정하였는지 더 분명히 알게 된다. 그것의 유리한 점을 알게 되기 때문에, 아니면 그것의 불리한 점을 겪지 않기 위해서.

내가 문제라고 여기는 것은 책임지지 않으려고 스스로 움츠린 채 상황을 탓하는 태도이다. 그것은 언제나 부담을 덜고자 하는 뻔한 말로 시작해서, 결국에는 전 생애에 걸친 희생자 이야기로 끝을 맺는다. 용감해지느니 차라리 노예 노릇을 하겠다는 것이다.

이런 식으로 살다 보면 어느새 우리는 자신이 생각하는 그런 존재가 되어 있으리라. 생각이 언어를 형성하기도 하지만, 반대로 언어가 우리의 사고를 형성하기도 한다. 철학자 마르틴 하이데거는 언어가 우리 의식의 반영이라는 뜻에서 '언어는 존재의 집'이라고 하였다. 어떤 말을 할 때 양해를 구하는 어구, 부담을 덜고자 하는 표현, 책임을 회피하는 말을 끼워 넣으면, 점점 더 '해야 한다'는 당위의 족쇄에 얽매이게 된다. 이때 억압받는 것은 바로 우리의 솔직한 행보이다.

이러한 태도는 여러 언어표현에서 드러난다. 특히 완곡한 방식의 의무나 금지를 나타내는 말은 최악이다.

"나는 …하지 않으면 안 될 것 같아."

"나는 …해야 할 것 같아."

"나는 …할지도 몰라."

"사실 나는 …해서는 안 될 것 같아."

이런 표현들이 대표적인 것이다.

많은 사람이 일을 하면서 탈진과 공허감을 경험한다. 주당 40시간 근무는 점차 늘어나 50시간, 60시간이 된다. 죽도록 일하자고 의식적으로 결정한 것도 아닌데 말이다. 그러다 어느 순간에 인생의 중요한 뭔가를 소홀히 하고 있음을 깨닫는다. 그리고 생각한다.

'일을 좀 줄여야 해!'

그렇지 않은가? 그런데 현실은 그렇지가 않다. 사람들은 전혀 그걸 원하지 않는다. 일을 줄이려고 시도하였을 때, 일에서 한 걸음 물러섰을 때, 일을 덜 하였을 때, 사람들은 갑자기 자신이 잉여 존재가 되었거나 인생의 의미를 상실한 것처럼 여기고, 삶의 연결고리에서 분리된 듯한 느낌을 받는 것이다. 그것은 마치 마약의 금단 현상과도 같다. 사회적 존재감의 상실은 수많은 사람에게 그야말로 악몽이다. 견딜 수 없다. 그들에게는 "나는 생각한다. 고로 나는 존재한다"
라는 논리는 통하지 않는다. 오히려 "남이 나를 생각한다. 고로 나는
존재한다"가 그들에게 적용되는 존재 증명이다.

"나 …해야 해"라고 말하는 사람은 아직 뭔가를 행위하지 않은 것
이다. 그의 의지는 영리하게도 그 행위에 대한 말에 집중되어 있다.
이러한 무책임성은 "사람들이 …해야 해"라는 일반칭 주어를 사용
함으로써 한 단계 업그레이드된다. 내 언어감각에 비추어 평가하면,
이는 무기력한 표현의 정수에 해당한다. 흔히 이런 일반칭 주어는
일반적 관행의 관찰에서 비롯되었으며, 이때 주어는 대략 '어떤 사
람'을 의미한다. 그래서 얼핏 보편타당해 보이는 상황에서 이 말을
쓰면 사실상 자신의 결정이 사라지게 만들 수 있다. 개인의 책임이
해체되는 것이다.

"사람들에게는 기회가 전혀 없었어."

"그때 사람들이 우리한테 …를 했더라면."

"그냥 사람들이 …할 수는 없었어."

그들은 이렇게 과거를 정당화한다.

"사람들이 …했어야 하는 건데."

"사람들이 본래 …했어야 하는 건데."

"사람들이 정말 그렇게 했더라면."

이렇게 말하면서 일반적인 관행을 탓하면 우리는 현재에 수동적

으로 머물러 있을 수 있고, 책임에서 벗어나게 된다.

이와 관련하여, '행위하는 데 필요한 것 이상으로 더 많이 알려고 하는 것' 역시 매우 흔히 나타나는 태도이다. 당신은 이제 행위하는 것이 얼마나 중요한지 잘 알 것이다. 하지만 사람들은 행위하기에 앞서 책을 읽거나, 세미나에 참석하거나, 치료사에게 가는 것을 선호한다. 책임을 피할 수 있는 편리한 도피처로 숨는 것이다. 그렇게 하면 에너지는 행위가 아니라, 분석하는 일과 고민하는 일에 흘러 들어 간다. 알아두면 좋을 만한 지식을 쌓는 언뜻 똑똑해 보이는 일은 행위하고 있다는 착각을 유발한다. 그렇게 함으로써 사람들은 수동적으로 머물러 있을 수 있다고 믿게 된다. 그들은 행위하는 대신 '이해'하고, 확신하지 못한 채 '아마도 그렇겠지!' 하며 추측할 뿐이다. 그 결과는 안타까운 자기 비하이다.

"나는 늘 잘못된 결정을 내려."

"난 결정을 내릴 수가 없어."

이런 사람들은 자신을 불행하게 만든다. '미결정'에는 반드시 대가가 뒤따르기 때문이다. 바로 '자존감의 상실'이다. 이것의 값은 잘못된 결정으로 발생하는 엄청난 부정적 효과보다도 훨씬 크다.

겉으로는 상황을 고려한다느니, 논거를 댄다느니 하지만 그런 가면 뒤에는 비겁함과 더불어 괜히 엮이지 말았으면 하는 심리가 숨어 있는 경우가 적지 않다. 사람들은 햄릿처럼 고민에 잠긴 채 온갖 가능성을 고려한다. 그리하여 용기가 필요한 곳에서는 안전을 구하고, 뛰어들어야 하는 곳에서는 빠져나가려 하며, 당장 해야 할 행위는 뒤로 미루려 한다. 이렇게 늘 같은 곳을 맴돌기만 한다. 그러나 두려워서 또는 바로 다음 단계에서 필요한 것보다 더 많이 알려고 한 나머지 행위하기를 망설인다면 그는 문제 해결에 나서지 않는 사람이다. 나는 행위하지 않은 채 버티는 사람일수록 생각은 더 높이 활개친다는 인상을 종종 받는다.

"나는 할 수 없었어."

"내게는 다른 대안이 없었어."

"내가 하겠다는 게 아니라 사장이 하겠다고 한 거야!"

이렇게 주장하는 사람들은 자신이 외부 힘의 희생자이고 어쩔 수 없는 상황에 빠져 있음을 알아달라고 떠드는 것이다. 이들은 선택의 자유를 완전히 망각했다. 안타깝게도 이들은 주위 사람을 불행하게 만든다.

"사실 나는 술 마실 생각이 전혀 없었어. 그랬는데 갑자기 도저히 저항할 수 없는 상태가 되어버린 거지."

이렇게 말하는 사람은 음주에 대한 충동이 자기 내부에 있지 않다고 주장하는 것이다. 결정의 주체인 '나'는 술을 마시려 하지 않았으며 기꺼이 다른 결정을 내릴 수 있었는데 외부의 힘에 그만 압도되어버렸다는 것이다.

"나도 모르게 손이 올라갔어."

"나도 모르게 욕이 튀어나온 거야."

"흥분한 나머지 나도 모르게 한 방 먹이고 말았지."

이런 표현도 마찬가지로 자신은 희생자라는 뜻이다. 그러나 미리 생각하지 않았거나 적어도 상상하지 않은 일은 절대로 일어나지 않는다.

## 빌라도 증후군

스피커에서 루프트한자 스튜어디스의 상냥한 목소리가 흘러나온다. 비행기를 타면 늘 듣게 되는 정형화된 문구로 스튜어디스는 나를 비롯한 다른 승객들에게 비행기 내에서는 금연이라고 설명한다. 그러면서 추가로 한 구절을 덧붙인다.

"우리는 법률 규정에 따라, 화장실에서도 흡연이 금지되어 있음을 알려드립니다."

처음 이 말을 들었을 때 나는 정말 의아했다. 왜 저렇게 한 발 빼는 듯한 표현을 쓸까? 화장실을 별도로 언급해야 한다면 왜 분명하게 "화장실에서도 흡연은 금지되어 있습니다"라고 말하지 못하는 걸까? 왜 저리도 위축되어 있을까? 왜 '법률'에 책임을 미루는 것일까?

"우리는 어쩔 수 없이 …하지 않으면 안 되었습니다"라고 말하는 이들은 자신의 책임을 조작하여 감추려는 사람들이다. 예컨대 1914년 7월, 사람들은 제1차 세계대전에 '휘말려 들었다.' 각국 정부는 공격받았다고 느끼자마자 대응하지 않을 수 없었다고 주장한다. 달리 어찌할 수 없었다는 것이다. 즉 상대가 다른 선택을 허락하지 않았다는 것이다. 이는 자신이 공격자의 손에 쥐어진 인형이라고 주장하는 것과 똑같다. 이로써 전쟁이 자신의 선택에 의한 결정이라는 사실은 감춰지고 만다.

불분명한 생각은 불분명한 말을 낳고, 불분명한 말은 불분명한 생각을 낳는다. 점점 퍼져 나가는 불안감, 자기 인생이 나락의 가장자리에 매달려 있다는 노이로제에 빠진 사람들에게 상담 전문가들은 '불안에서 벗어나는 법'을 약속한다. 불안? 독일어로 불안을 뜻하는 'Angst앙스트'라는 간단한 단어는 독일에서는 거의 복수 형태(Ängste, 앵스테)로만 쓰인다. 그런데 몇 년 전까지만 해도 이 단어는 주로 단수 명사로만 쓰였다. 이런 변화가 왜 생긴 걸까? 단순한 부주의 때문일까? 그렇지 않다. 복수화 현상이 점차 확산되고 있는 것은 우연이 아니다. 그것은 무기력증에 빠지겠다는 강고한 의지의 언어적 표현이다. 하이데거도 "두려움은 무엇에 대한 두려움이며, 불안은 없음[非存在]에 대한 불안"이라고 구분하지 않았던가!

> 두려움은 사람을 움직이게 하고,
> 불안은 사람을 마비시킨다.

불안을 위험에 대한 경고 신호로 이용할 수 있다. 그러나 불안이 자신을 압도할 힘을 갖게 할 필요는 없다. 우리는 불안을 대상화하고 구체화할 수 있다. 불안해하는 사람에게 도대체 무엇을 그렇게 두려워하느냐고 묻는 것이다. 그러면 그는 그것을 상상하고, 준비하여 대비할 수 있다. 그렇게 함으로써 그에게 책임의식을 갖게 하는 것이다. 그런데 불안이라는 '말'은 다르다. 이 말은 대상을 모호하게 만들고, 따라서 각 개인의 책임을 완전히 가려버린다.

"그것에 대하여 내가 뭘 할 수 있지?"

이렇게 물을 수 있는 것은 기껏해야 단수형 불안이다. 복수 표현인 '여러 가지 불안'은 그렇게 물을 수조차 없다. '자기 책임'이라는 주제에서 이것은 결코 부차적인 것이나 어떤 스타일의 문제가 아니다. 불분명한 생각은 불분명한 언어를 만들어내고, 불분명한 언어는 불분명한 행위로 이어진다. 공자도 일찌감치 "말이 그 의미를 상실하면 사람들은 자유를 잃는다"라고 경계한 바 있다.

이런 맥락에서 볼 때 "나는 …을 하려고 하였다" 또는 "나는 …을 하려고 한다"는 말의 정체가 드러난다. 그것은 책임을 피하겠다는 뜻이다. 성급한 정당화이다. 미리 잘못을 사과하는 것이다. "어쩌면 그것을 할 수도 있고, 어쩌면 못 할 수도 있어"라고 하면 자신의 책임이 좀 약화된다. 그것이 당신의 권한이 아님을 암시함으로써 부담을 줄이는 것이다. 그러나 논리적으로 따져보면, '해보려 함'이란 없다. 뭔가를 하거나 하지 않고 내버려 두는 것, 둘뿐이다. 둘 다에 대해 당신은 나름의 이유를 갖고 있다.

현실에서는 행위하지 않음과 결단력 부족을 가리기 위해서 '해본다'는 전략이 자주 이용된다. 내 경험에 비추어보면, 어떤 요구사항에 대해 거절의 뜻을 전하고 싶은데, 그 뜻이 명료해지는 것이 두려울 때 '해본다'라는 표현을 쓴다. 이는 행위하기도 전에 미리 실패를 확정하는 것과 같다. 도망갈 뒷문부터 열어놓는 것이다. 여기서 내가 문제라고 여기는 것은 그런 식의 언어표현이 일상적으로 사용된다는 것이 아니다. 문제는 책임을 회피하려는 내면적 태도이다. 이에 대한 예시를 구약성경에서 찾을 수 있다. 이스라엘 사람들이 가나안 사람들과 전쟁을 앞두고 있었다. 중과부적인 이스라엘 사람들을 이끄는 이는 머리가 희끗희끗한 여성 판관이었다. 대중이 그녀에게 물었다.

"드보라여, 우리가 이기겠습니까?"

"아니요, 이기지 못합니다."

"왜 이기지 못합니까?"

"당신이 이길 수 있는지 물어보기 때문입니다."

## 시간이 없어!

자동차 경주 팬들에게 포뮬러1을 상품화한 사람인 영국의 버나드 찰즈 이클레스톤은 추정 재산이 약 4억 유로에 달한다. 한 인터뷰에서 그는 이런 질문을 받았다.

"일 이외의 삶은 회장님께 얼마만큼 중요한가요?"

이에 대해 그는 이렇게 대답하였다.

"매우 중요합니다. 하지만 제가 실제로 자유롭게 결정할 수 있는 시간은 거의 없습니다."

아, 불쌍한 이클레스톤 회장이여! 정말 불쌍한 마음이 들 지경이다. 4억 유로라는 재산을 깔고 앉은 사람이 자기 시간을 마음대로 나눠 쓸 수 없다고 한탄하다니 말이다. 당신에게도 '시간적 압박'은 종종 악동 역할을 할 것이 틀림없다. 어쩌면 당신은 "만약 내가 이클레스톤 회장처럼 돈을 많이 가지고 있다면 더 잘살 수 있을 겁니다"라며 로또 복권의 숫자 여섯 개가 맞아떨어지기를 꿈꿀지도 모른다. 하지만 돈은 사람을 행복하게도, 불행하게도 만들지 않는다. 행복은 돈과는 전혀 상관없다. 행복은 당신의 결단에 달려 있다.

나는 세미나에서 "시간이 없어서요"라는 말을 들으면 이따금 이렇게 되묻는다.

"그런데 그 시간이 어디에 처박혀 있기에 시간이 없다는 것입니까? 바지 주머니 안에 있나요? 아니면 외투 속에 있나요?"

시간이란 소유할 수 있는 게 아니다. 시간은 '우선순위'의 문제이다. 당신에게는 무엇이 중요한가?

우리는 한 사람도 빠짐없이 모두 자신에게 정말 중요한 것을 하기 위한 시간을 갖고 있다. "시간 없어!"라고 말하는 것은 그것이 자신에게 중요하지 않다는 것을 의미한다. 나는 경제계 지도층 인사들에게 이따금, 인생에서 가장 중요한 것이 무엇이냐고 물어본다. 대다수의 경우 그 대답은 '자식'이다. 그러면 나는 다시 이렇게 묻는다. "일주일에 자식들과 함께 보내는 시간이 얼마나 됩니까?" 그 대답에 따라 그가 자식을 정말 중요하게 여기는지 아닌지 대충 파악할 수 있다.

베를린 장벽이 붕괴되기 전, 동유럽은 시간에 관한 한 거의 무한한 부를 누렸다. 서유럽에 사는 우리는 물질적 풍요를 위해 언제나 시간 부족을 감수하였다. 그 바탕에는 '부富'라는 것을 어떻게 규정할지에 대한 한 가지 결정이 깔려 있다. 돈이 있으면 부유한가, 아니면 시간이 있으면 부유한가? 서방에 사는 우리는 돈이 많은 것을 부유한 것으로 규정하기로 결정하였고, 지금도 그러하다. 그 결과 시간이 없는 것이다. 이렇게 스스로 시간 부족을 선택하는 과정에서 선택의 자유는 거의 체험하지 못한다. 시간의 압박은 스스로 만든 것이며, 개인이 선택한 결과이다. 또 그 이면을 들여다보면 "싫어!"

라고 말하며 거절하는 용기가 부족한 경우가 드물지 않다. 그런데 그것을 감추거나 그에 대해 침묵하는 것이다.

"시간이 없어"라는 말은
다른 게 더 중요하다는 뜻이다.

이와 관련해 간단한 테스트를 해보자. 당신의 일생에서 가장 중요한 물건이나 활동의 목록을 만들어보라. 그런 다음 다른 종이를 한 장 꺼내 당신이 날마다 실제로 뭘 하면서 시간을 보내는지를 적어보라. 그리고 이 두 목록을 비교해보면 아마도 엄청난 불일치 관계를 확인하게 될 것이다. 일치하는 게 거의 없을 수도 있다. 실제로 한 일의 목록이 당신이 진짜 중요하게 여기는 것들이다. 당신은 '외부적인' 압박, 즉 여러 가지 의무를 내세우며 변명하려 할 것이다. 그러나 당신이 실제 한 일을 당신 스스로 결정하였다는 사실은 바뀌지 않는다. 당신이 그렇게 하기로 결정한 것이다. 자신의 말에 스스로 책임지고 싶다면 그 행위 말고 다른 행위를 하면 된다. 아주 단순하다.

**남들에게 잘 맞춰줘!**

사람들은 과감하게 행위하지 못한다. 남이 자신을 어떻게 생각할지 의식하기 때문이다. 당신은 이렇게 반박할 수 있을 것이다.

"내게 온갖 기대를 다 걸고 있는걸. 배우자, 자식, 사장님, 친지, 그리고 이 사회까지도 말이야!"

하지만 독립하여 홀로 서는 것이 어른 되기의 일부라면, 이 과정은 남들이 우리에게 의무적으로 따라야 한다고 정해준 규범과 가치에서 벗어나는 것까지를 포함한다. 다음 문장을 곰곰이 점검해보라.

> 남들의 기대는
> 남들의 기대일 뿐이다.

남들의 기대는 일단 자신과는 전혀 상관없다. 기대는 섣부른 판단이다. 그들은 과거에 특정한 경험을 한 적이 있고, 그 경험이 성공적이었으며 근거가 있고 적절하다고 느꼈다. 그리고 이제 당신이 이 그들의 경험에 맞추어줄 것을 기대하는 것이다.

대개 우리는 이 기대에 따른다. 우리가 그 대신 지불하는 대가가 무엇인지는 제대로 알아보지도 않고서 말이다. 예를 들어보자. 많은 여성들이 나이 많은 가족이나 친척을 돌보고 있다. 가족이나 친척이 그렇게 해주기를 바란다는 이유로 말이다. 그 과정에서 그들은 자기 행복은 제쳐둔 채 외출도 하지 않고, 종종 외부의 도움마저도 거부한다. 또 많은 남성은 가장으로서의 역할과 기대를 감당하려고 삶의 의지가 바닥날 때까지 자신을 착취한다. 또 어떤 이들은 집 앞마당을 고통스러울 정도로 공을 들여 가꾸고, 잔디는 이발 기계로 머리를 밀듯 짧게 다듬는다. 이웃이 어떤 불평도 꺼낼 수 없도록 말이다.

물론 우리는 남들의 기대에 맞춰줄 수 있다. 그러나 반드시 그래야 하는 것은 아니다. 예컨대 아이를 어떤 기준에 따라 키워야 한다는 처가 혹은 시댁 어른의 요구에 적극적으로 반발할 수도 있다. 간섭하지 말라고 강력히 요구할 수도 있고, 화를 내며 온통 난리를 칠 수도 있다. 상대의 기대에 부응할지 말지를 스스로 결정하라. 당신은 그들에게 맞춰줄 수도 있고, 그냥 무시해버릴 수도 있다. 뭘 하든 그 두 가지 모두에 대한 책임은 당신에게 있다.

상대의 기대에 따르겠다고 의식적으로 결정하는 것도 당연히 가능하다. 만약 특정한 무리 또는 단체에서 인정받고 싶다면 그들의 기대에 부응하는 것은 때로 바람직하기까지 하다. 그러나 많은 사람이 남들의 기대를 마치 자신의 것으로 여길 만큼 무의식적으로 내면화한다. 문제는 당신이 남들의 기대에 반사적으로 부응할 때, 남들에게 잘 맞춰주라는 사회적 압박에 거의 자동적으로 부응할 때 시작된다. 그 결과로 나타나는 행위가 '인기에 영합하기'와 '알아서 기기'

이다.

남들의 기대에 부응하지 않는 순간 그들이 당신을 더 이상 좋아하지 않게 되는 것이 두려운가? 그렇다면 당신 스스로 자신을 남들이 갖고 노는 공으로 만드는 것이다. 다른 사람에게 당신을 통제하는 큰 권한을 주는 것이다. 스스로 책임지는 인생은 그것으로 끝장이다. 남들의 기대를 채워주려고 당신이 이 세상에 존재하는 것은 아니다.

그렇다고 상대의 기대를 깎아내릴 필요는 없다. 당신을 아는 사람은 누구나 당신에 대한 기대를 표현하고 특정한 행태를 요구할 권리가 있기 때문이다. 내 경험에 비추어보면 아인슈타인의 상대성 이론에 관한 토론에 끼어들 사람은 극소수이지만 자녀 교육은 이와 다르다. 아이 교육에 관해서는 대다수 사람이 자기 나름대로 세세하고도 보편타당한 지식을 갖고 있다고 생각한다. 그러니 절대 흥분할 일이 아니다. 그들은 당연히 끼어들 수 있고 자기의 기대를 표출할 수 있다. 그러나 어떻게 대응할지는 당신이 결정할 일이다.


## 지긋지긋한 스트레스

"오늘 저녁에 뮐러네 집에 초대받았어."

막 집에 돌아왔는데 아내가 들뜬 목소리로 당신을 맞이한다. 오늘 밤 무슨 일이 있을지 훤히 보인다. 끔찍할 정도로 지루한 시간이 될 게 분명하다. 하지만 아내의 친한 친구가 아닌가! 당신은 이를 꽉 물고는 속내를 드러내지 않은 채 기쁜 표정을 지어 보인다. '아내를 위해서…'라며 따라나선다. 하지만 어김없이 따분한 시간을 보내고 돌아오는 길에 그만 화가 치밀어 오른다.

"내가 수백 번 말했잖아…"

부부 싸움은 새벽까지 이어진다. 그런데 당신이 감추고 있는 게 있다. 당신이 가겠다고 선택했다는 사실이다. 자신이 한 행위에 대해서는 마땅히 스스로 책임을 져야 한다. 당신의 아내가 아니라 당신 자신이.

'스트레스'라는 이름의 현상은 왜 나타날까? 많은 사람이 자신이 결정하였다는 사실을 망각하기 때문이다. 스트레스와 관련한 도서를 읽었거나 세미나에 참석한 적이 있는가? 그곳에 가면, '이렇게 하면 스트레스를 떨쳐버릴 수 있다'며 수많은 고마운 방법들이 구원의 손길을 내민다(대다수의 경우 조깅을 하거나 명상을 하거나 아니면 그 둘 다를 하라고 한다). 대개 도움이 될 만한 사후 관리와 스트레스 경감 조치들이다. 그러나 그곳에서는 스트레스가 생기는 유일한 근원에 대해서는 거의 또는 전혀 언급하지 않는다.

스트레스는 '아니요'라고 하고 싶은데
'예'라고 말할 때 생긴다.

스트레스는 남의 기대를 좇을 때, 겉으로는 상대에게 맞추어주지만 원래 자신은 전혀 다른 것을 하고 싶은 경우에 생긴다. 상대가 회사 사장이든 침대에 누워 있는 배우자이든 상관없다. '아니요'를 생각하면서 '예'라고 말할 때 스트레스를 떠안게 되는 것이다.

이럴 때 사람들은 스트레스를 어떻게 처리할까? 책임을 바깥으로 돌려 다른 사람의 탓으로 만든다. 예컨대 다음과 같은 식으로 남을 깎아내리는 것이다.

"저 친구하고는 도대체 말이 통하지를 않아!"

"그 친구는 도대체 내 말귀를 못 알아들어요, 글쎄!"

그러면서 상대를 은근히 자신의 애정 대상에서 탈락시킨다. 자신이 너무 겁쟁이였다는 것, 자신이 속마음을 숨긴 채 상대의 비위를 맞추며 기만하였다는 사실은 고려하지 않는다.

짜증을 내는 것은
스스로 한 일에 대한 책임을
남에게 미루는 행위이다.

성경에도 이런 말이 씌어 있다.

"너희는 말할 때에 '예' 할 것은 '예' 하고, '아니요' 할 것은 '아니요'라고만 하여라. 그 이상의 것은 악에서 나오는 것이다."
(마태복음 5장 37절)

오해를 피하고자 밝히는데, 내 말은 무조건 남들의 기대를 무시하라는 뜻이 아니다. 그 기대를 반사적으로 자신의 것으로 만들 필요는 없다는 것이다.

나는 스키를 타지 않는다. 사실 스키를 타면 즐겁다. 하지만 아이들과 함께 스키를 탈 수 있는 시간에는 스키장이 사람들로 가득 차 있고 너무나 많은 사람이 리프트로 몰려든다. 언젠가 한번은 친구의 설득에 넘어가 그와 함께 스키를 타러 갔다. 스키장에 가서 주차할 곳을 찾느라 30분을 헤맸고, 스키장에 들어가기 위해 계곡의 리프트 타는 곳에서 다시 한 시간 반 동안 줄을 서서 기다렸으며, 리프트를 타고 다시 20분을 보냈다. 총 두 시간을 기다린 끝에야 겨우 활강 코스에 들어섰다. 신나게 활강을 즐긴 시간은 정확히 45분. 그다음 우리는 계곡 쪽으로 나가기 위해 다시 줄을 서서 기다려야 했고, 또 자동차가 있는 곳까지 가는 데 이번에는 '고작' 한 시간 반밖에 걸리지 않았다. 거기서 스키장을 빠져나가려고 줄지어 서 있는 자동차

대열에 합류하였다. 친구가 불평을 쏟아냈고, 나 역시 친구에게 책임을 전가하는 듯한 태도를 보였다. 그러나 사실은 내가 그의 제안에 동의하였던 것이다. 순전히 나의 선택이었다. 아무도 함께 가라고 강요하지 않았다. 그러므로 화를 낼 이유도 없었다.

스트레스는 선택이다. 많은 사람이 인정받고자 하는 마음 때문에 괴로워한다. 그런데도 그들은 다른 사람 또는 사건들이 스트레스의 유발요인이나 원인이라고 믿는다. 예컨대 사장이나 직장 동료, 교통 상황이나 날씨 또는 경제 상황을 탓하고, 사주팔자나 불우한 어린 시절을 원망하는 것이다. 그렇다. 나쁜 일은 늘 벌어진다. 경기는 얼어붙어 있다. 사업이 잘 풀리지 않는다. 주식값이 곤두박질친다. 회사 일이 자꾸 꼬인다. 믿었던 사람들은 도움의 손길을 주지 않고 외면해버린다. 인생이란 우리가 어쩌지 못하거나 거의 손댈 수 없는 온갖 사건들로 가득 차 있는지도 모른다. 그런 일들에 대해 어떻게 반응할지는 우리가 선택할 일이다. 사람들은 동일한 상황에서 제각각의 반응을 보인다. 남의 말이나 행동 때문에 특별한 감정이 일어날 수는 있다. 그러나 그것들이 우리의 여러 감정의 원인은 결코 아니다. 그 원인은 언제나 우리 자신이다.

예를 들어, 만약 "왜 이 일이 하필이면 나에게 일어나는 거야?" 하고 투덜댄다면, 그건 당신이 '내가 이 일을 장악하지 못하고 있구나'라고 생각한다는 뜻이다. 그 생각 때문에 당신은 자신이 희생자인 듯한 태도를 갖게 되며, 그것은 실제로 엄청난 스트레스로 작용한다. 내 경우는 다음과 같이 생각하는 것이 언제나 큰 도움이 되었다.

"왜 내가 누구에게 화를 내야 하지? 세상에 그럴 가치가 있는 사람은 없어."


## 남에게 책임 떠넘기기

한 호텔 수영장에서 나는 철퍼덕하는 둔탁한 소리에 깜짝 놀라 벌떡 일어섰다. 제법 나이가 들어 보이는 남자가 타일 바닥에 미끄러졌다. 꽤 아팠을 것이 분명하였다. 사람들이 급히 달려가 넘어진 남자를 일으켜 세우고는 상태가 어떤지 살폈다. 다행스럽게도 몇 군데 타박상을 제외하고는 괜찮았다. 그는 여러 사람에게 둘러싸인 채 불평을 쏟아내기 시작했다.

"도대체 어떻게 이렇게 미끄러운 타일을 깔 수 있냐고! 호텔 측에 따져야겠어!"

여기저기서 맞장구치는 소리가 들렸다.

"호텔은 사실 책임이 없어요. 오히려 수영장을 설계한 사람의 잘못이지."

한 손님이 좀 다른 견해를 내놓았다.

"타일 판매상을 고소해야 해요. 이따위 타일을 수영장 바닥용으로 권하다니 말이야."

또 다른 사람은 책임자의 범위를 더 넓혔다.

넘어진 사람이 부주의했을 수 있다는 점, 너무 빨리 걸은 것은 아닌지, 몸 움직임이 좀 둔하지는 않았는지 등의 이야기는 전혀 나오지 않았다. 마침내 사람들의 의견이 하나로 모였다. 넘어진 사람이 아닌 '다른 사람'의 잘못이라는 것이다. 향후 이런 위험에 어떻게 대처할지, 이를 예방하기 위해서는 뭘 해야 하는지를 묻는 이는 없었다. 앓는 소리를 하며 한탄하는 사람에게는 언제나 동료가 있다. 그런 이는 언제나 혼자인 법이 없다.

책임을 반사적으로 바깥으로 돌리고, 남에게 미루는 방식을 나는 우리 할머니만큼 능숙하게 하는 사람을 보지 못했다. 할머니는 거의 백수를 누리신 분으로, 마지막까지 보청기 사용을 거부하셨다. 그러면서 절대로 "잘 안 들려"라고 하지 않고, "넌 너무 작은 목소리로 말하는구나"라고 하셨다.

남편의 출세를 위해 자신의 직업을 포기하고 자식 교육과 살림에 헌신한 여성이 있었다. 그녀는 남편의 전근으로 여러 번 새로운 나라로 이사해야만 했다. 고통스러운 이혼 과정에서 그녀는 자신이 여태껏 안락한 집을 갖지 못한 것은 오직 남편 때문이라며 남편을 비난하였다. 그래서 친구관계도 제대로 유지할 수 없었고, 남편을 위해 자신의 직업을 포기하였고, 그래서 자신은 이제 사회적으로 능력도 인정받지 못하며, 이런 여러 상황으로 인해 혼인 관계도 파탄에 이르고 말았다는 것이다.

대학 등록금을 낼 돈이 없을 때 자신의 씀씀이를 점검하기보다는 인색한 부모에게 그 책임을 돌리는 것이 훨씬 더 간단하다. 지금 수강 중인 과목이 따분하다 싶으면, 교수의 강의 능력 탓으로 돌린 다음 강의 평가서에 그런 불만을 써넣는 것이, 그런 상황 속에서 더 흥미를 갖고 공부하려고 애쓰는 것보다 더 간단한 일이다.

남에게 책임을 떠넘기면 자신을 바꿀 필요가 없어진다. 그러나 자신을 변화시키려 한다면, 새로운 것을 배우려 한다면 가장 중요한 일은 책임 전가를 끝내는 것이다. 실패에 대한 책임까지 떠맡고 나면 자기 힘으로 그 일을 더 잘 해낼 수 있게 된다. 그러나 주변 여건을 탓하는 것은 또 다른 실패의 토대를 다지는 것이다.

남을 탓하는 것은 실패한 이들이 시간을 때우는 방식과 같다. 그런데 누가 그렇게 허비할 시간을 갖고 있단 말인가?

# 무기력에의 의지

## 나는 그것을 위해 무엇을 하는가?

"서비스가 이따위로 불친절하면 누가 기분 좋게 쇼핑하겠어!"

"우리 남편은 이따금 나를 하녀 부리듯 한다니까!"

"사장은 우리와 함께 자기가 하고 싶은 걸 하는 사람이야."

"직장 동료가 괴롭혀서 도저히 견딜 수가 없어."

"옛날에는 공무원을 국가의 공복公僕이라 했지. 그런데 요즘은 그런 걸 거의 느낄 수가 없어요."

"우리 애 키우는 데 자꾸 시어머니가 간섭하잖아. 당신도 옛날에

애 키우면서 제대로 한 거 하나도 없으면서 말이야."

이렇게 힘세고 고약한 상대에 대해 한탄하면 사방에서 이해하고 공감한다는 듯 고개를 끄덕거린다. 사람들은 이런 불평에 낚여 저마다 선의의 조언을 쏟아내고, 도움을 주려고 나선다. 하지만 그들의 조언은 대체로 상대의 행태를 어떻게 바꿀 것인가에 관한 것들이다. 그러면 그 조언을 들은 이들은 상대를 달래도 보고, 어르기도 하면서 어떻게든 바꿔보려고 한다. 하지만 쓸데없는 시간 낭비일 뿐이다! 사실은 자신이 원해서 그런 상황을 만들었기 때문이다. 그래서 여태 아무것도 바뀌지 않은 것이다.

누구든 자신을 바꾸라는 요구를 받으면 거부하기 마련이다. 상대도 마찬가지이다. 당신이 이런 원리를 알고 있다면 다음과 같이 묻는 것이 더 현명하다.

> 상대가 저렇게 행동하는 것에
> 내 책임은 없는가?

분명 당신이 거기에 기여하는 바가 있다. 상대가 그런 행동을 하도록 용인하는 것이다! 상대는 당신에게 그렇게 행동해도 된다고 여기는 게 분명하다. 그는 다른 사람에게는, 예컨대 사장에게는 그렇게 행동하지 않을 것이다. 그러므로 그가 자신의 행동을 전적으로 옳은 것이라고 여기게 된 데에는 당신이 과거에 기여한 바가 있을 것이다. 그는 자신이 당신에게 하는 행위가 어떻게 받아들여지는지 때로는 전혀 의식하지 않기도 한다. 왜 그렇게 되었을까?

당신이 처음 그에게 화가 났을 때 당신은 침묵하였다. 두 번째 화가 났을 때도 아무 말도 하지 않았다. 세 번째에는 상황이 좋지 않았고…. 네 번째부터는 그의 행동을 미화했거나(에이, 그 사람이 그런 뜻으로 그랬을 리가 있나!) 이미 거기에 적응이 된 상태였다. 아니면 때를 놓쳤을 수도 있다. 그리고 적절한 때는 결코 다시 오지 않는다. 그 사람은 언제나 지금 여기에 있는데 말이다.

상대가 당신을 그렇게 대하는 데 당신이 얼마만큼이나 기여하고 있는가? 그가 당신을 골탕 먹이는 것은, "나를 골탕 먹여줘"라는 신호를 당신이 보낸 탓이 아닐까? 당신에게는 그렇게 해도 된다는 것을 알고 있기 때문에 그렇게 하는 게 아닐까? 어쩌면 당신이 그의 행태를 실제로 한 번, 두 번, 세 번 허락한 것인지도 모른다. 그러니 그가 상당한 확신 속에서 그렇게 행동한다 해도 놀라서는 안 된다.

## 행하지 않은 죄

당신은 자신이 하는 일에 대해서뿐만 아니라 하지 않는 일에 대해서도 책임이 있다. 하지만 책임은 최소한만 지려 한다. 한 예로

'정직성'이라는 주제에 대해 생각해보자. 사람들은 정직성을 중요한 가치로 여기고, 서로 신뢰하며 함께 살기 위한 전제조건으로 받아들인다. 그런데 대다수는 이를 대략 '거짓말을 하지 않는 것' 정도로 이해한다. 정직성이란 정보를 제멋대로 자기 유리한 쪽으로 조작하지 않고, 사실을 의도적으로 거짓으로 말하지 않으며, 질문을 받았을 때 최선의 지식과 양심에 따라 답하는 것을 의미한다.

그러나 이는 정직성의 '수동적' 측면, 그다지 중요하지 않은 부분일 뿐이다. 예컨대 정직성을 요구하는 질문을 받지 않는다면 어떨까? 대답을 해달라는 명시적인 요구를 받지 않을 수도 있지 않은가? 말하자면 침묵함으로써 거짓말을 하는 상황이 존재한다. 말하지 않으면 상대는 모든 게 정상이라고 믿게 된다. 상대가 잘못된 전제에서 출발할 수 있으니 미리 필요한 정보를 알려주어야 하는데도 침묵한다면, 이는 거짓말을 하는 것과 같다. 자기가 정보를 알려주는 것이 상대에게 도움을 준다는 것을 알면서, 또는 침묵하면 상대가 불이익을 받을 수 있다고 분명히 느끼면서도 침묵한다면 이는 거짓말을 하는 것이다.

그러므로 능동적 정직성이라는 것도 존재한다. 명시적으로 질문을 받지 않더라고 입을 열고, 상대의 요구가 없어도 자기 견해를 밝히는 태도이다. 스스로 판단하기에 그것이 자신과 상대에게 중요하기 때문에 그렇게 하는 것이다.

그런데 사람들은 침묵에 대해서는 아무런 책임도 지지 않으려 한다. 책임을 지는 대신 침묵에 따른 부담을 줄일 방법을 찾는다. 우선, 자신이 도덕적으로 더 유리한 위치를 차지함으로써 부담을 줄인다. 문제를 바깥으로 돌리고 상대의 잘못으로 만드는 것이다.

"쟤는 왜 늘 저렇게 물고 늘어지냐!"

"쟤는 아무것도 아닌 일에 상처받는다니까!"

이렇게 '남 탓'을 하는 이면에는 비겁함이 숨어 있다.

또한 침묵을 짐짓 긍정적인 것인 양 포장하여 부담을 줄이기도 한다. 상대를 위해서 침묵한다고 둘러대는 것이다.

"하지만 상대방 입장도 생각해주어야 하는 거 아니야?"

그러나 누군가를 '생각해준다'는 것은 그를 무시하는 행동이다. 이런 태도는 당신이 그 사람 위에 서서 그를 대신하여 무엇이 그에게 힘든 요구이고 무엇이 그렇지 않은지를 대신 결정해주려 하는 것이다. 그도 당신과 대등하고 성숙한 존재라는 것을 인정하지 않고 그를 보호받아야 할 어린아이나 노인네로 만드는 것이다. 상대에게서 스스로 책임질 수 있는 능력을 박탈하거나 금치산 선고라도 하듯 그의 능력을 축소하는 것은 인간의 존엄성을 침해하는 짓이다.

그러나 실제는 이보다 더 나쁘다. 상대를 '생각해주려는' 마음조차 별로 없기 때문이다. 오히려 사랑을 잃을까 두렵기 때문에 자신을 보호하기 위해 그렇게 하는 것이다.

"내가 솔직하게 말하면, 그는 더 이상 나를 좋아하지 않을 거야."

"어쩌면 그 모든 것이 싸움으로 번질 수도 있어."

"결국 그릇이 여러 개 깨지는 일이 터지겠지"

이런 두려움을 상대에 대한 배려로 위장하고 자신은 결백하다며 발을 빼는 것이다.

어쩌면 당신은 상대의 태도 때문에 심적으로 고통받고 있는지도 모른다. 그런 태도에 대해 한마디만 했어도 상대가 태도를 바꾸었을 지도 모르는 일이다. 만약 그렇게 되었다면 남몰래 그를 깎아내리거 나 심지어 욕을 하는 일은 하지 않아도 되었을 것이다. 말하자면, 수 동적으로 고통을 견디려는 태도가 적극적으로 골칫거리를 제거하 는 노력보다 더 보편화되어 있다는 말이다.

많은 부부가 결국 이혼에까지 이르는 것도 한쪽 혹은 서로가 좋 지 않은 감정을 쌓아두기 때문이다. 이들은 짜증 나는 일이 생길 때 마다 쿠폰 적립카드에 쿠폰을 붙여나가듯 그것을 부부관계 카드에 차곡차곡 붙여나간다. 그러면서도 입은 고집스레 다문다. 카드에 빈 자리가 거의 없어질 때까지 마냥 쿠폰을 붙여가는 것이다. 그러다 "한 번만 더 그랬다간 봐라…"라며 벼른다. 하지만 그런 일은 당연 히 다시 일어난다. 상대는 당신이 몰래 쿠폰을 차곡차곡 적립해왔다 는 사실을 짐작조차도 하지 못하기 때문이다. 당신은 마침내 인내의 한계점에 이른다. 쿠폰 카드가 꽉 찬 것이다. 이제 카드를 상환해야 한다. 엄청난 대폭발이 일어나는 것이다.

"넌 항상 그렇게 하잖아!"

"내가 한 번이라도 그런 적이 있었어?"

"어휴, 또 그 빤한 소리!"

이런 말을 들은 상대는 적잖이 당혹스러워한다. 그래서 이렇게 반박한다.

"이건 좀 심하지 않아? 한 번 잘못한 걸로 이렇게 열을 내면 어쩌란 말이야?"

그는 당신이 오랫동안 장부를 정리해왔다는 사실을 전혀 모르고 있다. 당신은 상대가 바뀔 기회를 주지 않은 것이다. 조금만 귀띔을 해주었더라도 상대는 알아들었을 것이다. 그의 행동을 어떻게 느꼈는지, 그리고 그것 때문에 당신이 얼마나 힘들었는지를 말해주었더라면, '적극적'인 정직성을 보여주었더라면 이 지경까지는 되지 않았을 것이란 말이다.


## 멋진 결심이라는 허상

다들 '새해 결심' 놀이를 좋아한다. 당신도 해마다 이 놀이를 할 것이다.

"올해에는 아이들에게 좀 더 신경을 쓸 거야!"

"이번에는 진짜로 3주 연속 휴가를 쓰겠어!"

"올해에는 담배를 끊어야지!"

"요트 운전면허를 꼭 따야지!"

"몸무게 5킬로그램 감량!"

"주말에 회사 일을 집으로 절대 가져오지 않기!"

'새해 결심'이란 지금까지와는 달라지겠다는 의지의 표현이다. 그러나 만약 당신이 자신에게 정직하다면 이 말이 "한번 해보지, 뭐"라는 말과 별반 다르지 않음을 알 것이다. 결심은 "난 그것을 하고 싶지 않아" 또는 "나는 다른 것을 하고 싶어"라는 말에 불과하다. 하지만 당신은 그렇게 명료하게 말할 용기가 없다. 자신에게든 남에게든 말이다. 그래서 이런저런 설명을 덧붙여 '결심'이라고 포장하는 것이다. 이는 결국 자기기만이다.

인간은 늘 균형을 추구하는 존재이다. 정신적으로 부담스러운 상황 속에서는 오래 견딜 수가 없다. 그래서 늘 내적 균형을 유지해낸다. 예컨대 어떤 것을 해야 한다는 분명한 요구와 필요성을 느끼지만 그것을 하고 싶지 않을 때, 당신은 자신이 얼마나 멋진 '결심'을 했는지 자신과 사람들에게 읊어댄다. 해야 할 일을 하지 않는 데 대한 부담을 그런 식으로 떨쳐내는 것이다. 이렇게 하여 심적 안정을 얻으면 당신은 수동적으로 그냥 머물러 있을 수 있게 된다. 결심을 실행에 옮기지 않은 채 말이다.

재즈 가수가 되고 싶다던 한 젊은 여성이 내게 물었다.

"저는 날마다 한 시간 동안 노래를 부르겠다고 결심했어요. 하지만 한 주에 네 번밖에 그렇게 하지 못해요. 왜 더 자주 못 하는 걸까요?"

나는 그녀가 그렇게 하기로 '결심했기' 때문이라고 대답해주었다. 그녀의 실제 행동이 그 이유를 분명히 말해주고 있기 때문이다. 재즈 가수가 되는 것보다 다른 일이 그녀에게 더 중요한 것이다. 그녀가 재즈 가수가 되고 싶다고 주장한다면 그것은 자신을 속이는 짓이다. 그녀의 말이 사실이라면 그녀는 실제로 날마다 노래를 할 것이다.

> **자신이 정말 원하는 일은 꼭 하는 법이다.**

그러니 결심하는 대신 지금 당장 그 일을 하면 된다. 극소수의 예외를 제외하면 금연에 성공하고, 살 빼기에 성공한 이들은 '지금 당장' 그 일을 시작했고, 날마다 그 행위를 해온 것이다.

### 구원자가 오리라는 꿈

어린아이일 때는 부모님이 우리를 돌봐주었고 우리의 욕구를 채

위주었다. 우리는 부모님의 돌봄과 도움과 지원에 모든 것을 의지했다. 누군가가 와서 먹여주고, 젖은 기저귀를 갈아주고, 웃어주고, 쓰다듬어주기를 기다렸다. 원하는 것이 있으면 그저 오랫동안 큰 소리로 울기만 하면 다 해결되었다. 그러면 곧 다시 어머니나 아버지의 관심을 끌 수 있었던 것이다.

이런 방식으로 자신을 계속 발전시킨 끝에 우리는 마침내 점차 자신감을 갖는 단계에 이르렀다. 그 첫 번째 경험이 "나 혼자 할 수 있어요!"라며 고집을 부리는 것이다. 참으로 자랑스러운 순간이 아닌가! 그러나 이것은 동시에 부모로부터 분리되는 행위이기도 하였다. 우리는 날마다 더 많은 것을 배웠고 소망을 성취하기 위해서는 스스로 더 많은 책임을 져야 한다는 것도 알게 되었다.

이런 식으로 우리 대다수는 원하는 것이 있으면 그걸 위해 뭔가를 해야 한다는 것을 배우게 되었다. 돈을 갖고 싶으면 돈을 벌어야 한다. 음식, 집, 옷이나 새 자동차를 갖고 싶으면 열심히 일해야 한다. 이것을 제대로 이해하지 못한 어른은 미성숙하고 자립적이지 않은 존재로 간주된다.

나이상으로 성년에 이른 사람 중 다수는 계속 어린아이 수준에 머물러 있으려고 한다. 그들은 여전히 왕자님 혹은 요정이 나타나서 자신이 갖고 싶어 하는 모든 것을 갖다주기를 기다린다. 남이 자신의 소망을 이루어주기를 바라는 것이다. 상대가 자신이 행복해지도록 뭔가를 해주기를 고대하는 것이다. 그들은 "그렇게 하면 내게 뭐가 생기나요?"라고 할 뿐, "내가 뭘 줄 수 있을까요?"라는 말은 하지 않는다.

> 어른이 된다는 것은
> 아무도 오지 않는다는 것을 깨닫는 것이다!

이제 당신을 행복하게 해주려고 올 사람은 없다. 문제를 해결해주러 올 사람도 없다. 당신이 어떻게 살아야 하는지 아무도 대신 결정해주지 않는다. 스스로 움직이지 않으면 결코 아무 일도 일어나지 않는다. 구원자가 오리라는 꿈은 우리의 어린 시절을 떠올리게 한다. 그것은 가슴 설레는 생생한 유행가 가사와 같다. 그리고 그 가사는 우리를 수동적이고 무기력한 상태에 머물게 한다.

사람들은 자명한 것 너머에 있는 그 무엇을 진정으로 소망하기를 겁낸다. 그리고 그것을 위해 적극적으로 나서기를 꺼린다. 그들은 차라리 '희망'이라는 자기만의 등록상표가 붙은 병의 코르크 마개를 따려 한다. 이 희망이라는 것이 종종 우리의 시야를 흐리게 한다. 희망은 대개 적나라하게 드러난 사실 뒤의 안전한 곳에서 가능성이라는 이름으로 빛나고 있다. 물론 어쩌다 보면 저절로 더 좋아지고, 더 사랑스러워지고, 더 정의로워질 수도 있으리라. 그러나 불투명한 희망은 과감한 용기가 필요한 순간 우리가 행동하지 않고 망설이게 만든다.

'희망하기'로 갈아탄 이는 스스로 금치산 선고를 내려, 그 슬픔을 더 연장한다. 그는 자신의 삶을 자기 손으로 장악하기를 거부한다. 대신 자기 삶을 소위 운명에, 사주에, 우연에 넘겨준다. '희망하기'에는 희망이 없다. 오히려 우리는 수동적으로 변하고, 현실의 상황을 변화시킬 수도 있을 그 무언가를 놓쳐버린다. 자기 삶을 꾸려가는 데 필요한 일은 오직 자신만이 할 수 있다. 다른 사람이 와서 해주기를 기다려서는 안 된다!

'이렇게 오랫동안 고난을 겪었으니 어느 날 내게 기적이 일어나겠지.'

이렇게 생각하는 사람도 있으리라. 그러나 이런 환상을 품는다면 그 대가로 인생을 허비하게 된다. 돌이킬 수 없는 하루, 한 달, 십 년의 시간이 그렇게 흘러가 버리는 것이다. 왜 그런 멍청한 짓을 한단 말인가? 확신하라. 아무도 오지 않는다.

어른이 된다는 것은 의존에서 벗어나 독립으로, 도움받는 처지에서 스스로 돕는 처지로, 타자에 의해 규정되는 상태에서 스스로 책임지는 길로 나아감을 말한다. 자기 인생을 자기 손아귀로 거머쥐는 법을 배운 자만이 성숙한 어른이다. 이는 독립해서 성장하고, 완전해지고, 결단한다는 것을 의미한다.

> 도움의 손길을 구하는 자는
> 늘 자기 양팔 끝에서 그 손길을 발견한다.

## 소망, 기다림, 놀람

행복한 결혼생활을 하고 싶다면 어떻게 해야 할까? 당신을 만족시키기 위해서 배우자가 잘해야 한다고 생각하는가, 아니면 당신 스스로 당장 할 수 있는 일들을 해나가는가? 당신은 행복한 결혼생활에 필요한 것이 무엇인지에 대해 곰곰이 생각해보는가? 배우자의 인생을 위해 당신은 어떤 기여를 하는가? 자신이 소망하는 것을 얻기 위해 당신은 무엇을 하는가?

배우자와 냉전 중일 때 당신은 상대가 먼저 어떤 행동을 하기를 기다리는 편인가? 주도권을 쥐는 유형인가, 아니면 '왜 내가 나서나…'라며 수동적으로 머물러 있는 유형인가? 먼저 행동하는가, 아니면 인상 찌푸린 채 침묵하는가? 입 다문 채 인상을 찌푸리는 태도를 우리는 온당하게도 '유치한 짓'이라 칭한다.

자식을 행복하고, 자신감 넘치고, 책임의식이 강한 사람으로 키우고 싶은가? 그런 선한 의도만으로 충분할 것 같은가? 아니면 아이들과 함께 노력하는가? 그것을 위해 따로 시간을 내는가? 아이 교육과 관련한 책을 읽는가? 자신의 태도에 문제가 있다고 인식하면 고치는가? 당신은 자식을 위해 어느 정도의 시간과 에너지를 투자할 준비가 되어 있는가?

작가가 되고 싶다고? 꿈만 꾸고 있는가, 아니면 그 소망을 이루기 위해 실제로 노력하는가? 계획에 대해 그저 말로만 떠드는가, 아니면 구체적인 일들을 하는가? 한 가지 확실히 짚고 넘어가야 할 점은, 그 누구도 당신의 계획에는 관심을 두지 않는다는 사실이다. 중요한 것은 바로 당신의 행동이다.

> 그 누구도
> **당신의 소망을 충족시켜줄 책임이 없다.**

소망을 이루려면 때로 다른 사람과 협력해야 한다. 당신이 아무리 노력해도 배우자가 함께하지 않는다면 당신의 결혼생활은 절대 행복하지 않을 것이다. 그러나 더 중요한 것은 당신 자신이 할 수 있는 일을 하고 있는가 하는 점이다.

아무것도 하지 않으면 아무것도 나아지지 않는다. 소망이 저절로 이루어지기를 기다리는 것은 인생을 살아가는 가장 어리석은 방식이다. 기다린다는 것은 남에게, 주변 상황에, 어떤 사건에 자기 인생을 결정할 권력을 넘겨준다는 뜻이다. 소망 충족의 책임이 오직 자기 자신에게만 있다고 인식하면 매우 유리한 점이 있다. 그 권력을 되

찾을 수 있는 것이다. 그 결과 우리는 기다리기를 그만두고 자유롭게 행위할 수 있게 된다.

자신의 소망을 충족할 책임을 스스로 떠맡는 사람이 그 책임을 남에게 미루는 사람보다 더 행복하게 산다는 것을 아는 데에는 특별한 상상력이 필요하지 않다. 인생을 스스로 결정하면 당신의 삶은 더 단순해지고 더 예측할 수 있게 된다. 두려움에서 벗어나게 되는 것이다.


## 결단 대신 만족

나는 오랫동안 애정이 식은 상태로 30년 넘게 같이 사는 부부들을 알고 있다. 또 내가 아는 어떤 회사에서는 전 직원이 회사에 대해 불평한다. 그러면서도 그들은 여전히 그곳에 눌어붙어 있다. 수많은 사람이 한 직장에 매달려 수십 년을 일한다. 아무런 기쁨도 느끼지 못하면서 말이다. 그들은 그 자체로는 완벽하게 타당한 자기만의 논리구조를 구축한다. 무엇보다 책임을 떠맡지 않기 위해서다. 그들은 환경을 바꿔보라는 제안은 실행 가능성이 없다고 거부하면서 자신에게 불리한 상황을 계속 유지한다.

왜 그럴까?

고통을 겪는 것이 행위하는 것보다 더 쉽기 때문이다.

끔찍한 말이다. 수많은 심리학자들이 화를 억누르면 병이 된다고 가르치지만, 화를 억누르기 때문에 병이 생기는 것은 아니다. 병이 생기는 것은 행위를 억누르기 때문이다. 결정을 내리지 않고 만족해 버리기 때문이다.

'고통을 겪는 것이 행위하는 것보다 더 쉽다'는 말은 매우 강력한 통찰력을 담고 있다. 그것은 인간 행태의 상당 부분을 설명한다. 행위는 언제나 불확실성, 두려움과 결부되어 있기 때문이다. 미지에 대한 두려움 때문에 우리는 위험 가능성이 있는 변화를 시도하지 못한다. 자신의 두려움보다 더 인간을 최면에 빠지게 하는 것은 없다. 고통에 대한 예상이나 일상이 되어버린 만성 걱정도 두려움에서 생긴다.

두려움은 작은 것은 꼭 움켜쥐고 큰 것은 포기하게 한다. 다른 대안을 생각하면 마음이 불안해지기 때문에, 또 자신이 더 큰일도 감당할 수 있음을 믿지 못해서 우리는 온갖 수단을 다 써서 현 상태를 정당화하려고 한다. "왜냐하면 … 때문에 안 되는 거야"라는 식의 자기최면적 놀이가 시작된다. 이렇게 제자리걸음을 하며 '달리 도리가 없음'이라는 프로그램에 사로잡힌다. 그러나 한 가지 분명한 것이 있다.

> 결단을 내리는 사람은
> 고난을 이겨낸다.

그런데 도대체 어디로 가야 한다는 말인가?

"달라지면 더 좋아지는지는 모르겠다. 그러나 더 좋아지려면 달라져야 한다는 것은 안다!"

괴테와 동시대 인물인 독일의 물리학자 게오르크 크리스토프 리히텐베르크는 이렇게 말했다.

좋아진다고 확실하게 예상할 수 있는 경우는 사실상 매우 드물다. 행동에 나설 경우, 원하는 것을 얻을 가능성은 아마 50:50 정도 될 것이다. 하지만 그런 위험을 감수하지 않으면 원하는 것을 얻지 못할 확률이 백 퍼센트다.

설령 당신이 뭔가를 잃는다 해도, 잃은 것을 인정할 준비가 되어 있다면 다른 것은 얻게 될 것이다. 그렇기 때문에 요즘 널리 퍼져 있는 확실성 희구경향은 자기 파괴적 요소를 무척 많이 내포하고 있다. 인생에서 확실한 것은 단 하나, 2미터 길이의 땅속에 박힌 나무 관, 즉 죽음뿐이다. 그러나 사람들은 상상에 불과한 이 확실성이라는 것을 얻기 위해 큰 대가를 치른다. 주도적인 태도, 용기, 위험을 감수할 의지 등을 포기하는 것이다. 어떤 것을 얻기 위해서는 위험을 감수해야 한다. 하나를 얻는 대신 다른 것을 잃을 수 있다는 사실을 받아들여야 한다. 정치성이 강한 언론인이자 반독재 투사이기도 한 노벨 평화상(1935년) 수상자 카를 폰 오시에츠키는 이렇게 단언하였다.

"호주머니가 가슴보다 더 빵빵하면 투쟁할 수 없다."

그저 꿈만 꾸었을 뿐 체험해보지 못했던, 상상하고 생각은 했지만 행위하지는 않았던, 마음에 안 들어 거부했던 일, 또는 그 대가가 너무 커서 절대 뛰어들 수 없었던 그 무엇은 이제 가버렸다. 남은 것은 아무것도 없다. 기회를 이용하지 못했다는 밋밋한 느낌을 빼면 말이다.

외견상으로는 행위하는 것보다 고난이 더 가벼워 보인다. 행위하는 것의 대가가 너무 크기 때문이다. 그러나 그 길에서 우리의 자존감, 자유의 체험, 자기결정, 독립적인 삶은 내동댕이쳐진다. 우리를 계속 앞으로 이끌어주는 것은 안락이 아니라 열정이다. 이번 생生은 우리가 가진 유일한 삶이다. 뭘 더 기다리는가?

### 의무감으로 산다고?

고난이 '의무감'으로 설명되는 경우가 종종 있다. 자기 의무를 이행하는 사람은 자기 자신에게든 다른 사람 앞에서든 당당해 보인다. 사람들은 자신의 여러 가지 의무를 다함으로써 인정받는 것을 즐긴다. 엄마로서, 아버지로서, 집배원으로서, 공무원으로서, 군인으로서 말이다. 이때 의무는 대개 부자유라는 잿빛 포대를 걸친 행색에, 자기희생이라는 후광을 달고 있다. 많은 사람이 자식들에게 가능한 한 훌륭한 교육 기회를 제공하기 위해 부업을 뛰고, 배우자의 의무를 다하기 위해 여가를 포기하고 병든 아내나 남편을 간호한다. 테니스 팀의 일원으로서 부상에도 불구하고 팀의 탈락을 막기 위해 자기를 희생하여 끝까지 분투한다. 시간이 없는데도 형제의 집 짓는 일을 도와준다. 이전에 자신이 집을 지을 때 형제의 손을 빌렸기 때문이다.

사람들은 의무를 다할 때의 느낌을 알고 있다. 어떤 이들은 이런 부담감이 너무 큰 나머지 하소연을 하기도 한다.

"내가 그 일을 해야 할 것 같은 의무감을 느껴."

"그 일에 대해서는 내가 책임을 맡기로 했어."

그들은 자신이 원래 다른 일을 하려고 했다고 (잘못) 믿고 있는 것이다. 늘 인생과 씨름하며 아무것도 결정하지 못하는 사람들에게 의무란 '외부에서' 오는 것이며, 운명이 자신에게 덤터기를 씌운 것이다. 의무는 흔한 변명거리가 된다. 자기 스스로 목표를 정하고 결정을 내리는 수고를 하지 않도록 해주기 때문이다. 그들은 자신의 약점을 덕성인 양 위장한다. 의무를 다해야 하기 때문에 찬물에 뛰어드는 일은 하지 않는 것이다.

"내게 주어진 의무가 있어서 그렇게 할 수가 없어."

게다가 그들은 의무에서 권리를 도출할 수도 있다고 믿기도 한다. 그래서 상대를 도덕적으로 압박한다.

그러나 엄밀한 의미에서 의무란 존재하지 않는다. 외부에서 오는 것은 무엇이든 선택사항일 뿐이다. 남들이 높은 도덕적 의무를 요구하더라도 그것을 받아들일지 말지는 당신이 결정할 수 있다. '의무를 지고 있다'고 말하는 것은, 스스로 그것을 선택하였다는 뜻이다. 당신은 강압과 타의로 그것을 할 수밖에 없었다고 말할지 모르지만, 의무는 언제나 스스로 떠맡은 책임이다. 물론 당신은 스스로 떠맡은 책임을 좋아하지 않고, 떨쳐버리고 싶은 부담스러운 짐으로 느낄 수 있다. 그렇다면 언제든지 다른 것을 선택할 수 있다. 이러한 자유는 그 누구도 빼앗을 수 없다.

> 의무는
> 스스로 떠맡은 책임이다.

특히 타인과의 관계에서는 어떤 일이든 의무감으로 해서는 안 된다. 의무감의 깊은 곳에는 원망하는 마음이 자라기 때문이다. 상대가 당신에게 어떤 것을 요구하여 독자적인 인생을 사는 것을 방해했다는 원망 말이다. 사실 그는 당신의 인생을 방해하지 않았다. 당신이 그에게 책임을 덮어씌우는 것이다.

"내가 그의 요구를 들어주었으니 고마운 줄 알아야지."

당신은 그의 감사를 얻기 위해, 또 감사를 더 잘 착취하기 위해 그에게 책임을 덮어씌우는 것이다.

"그런데 책임은 어쩌란 말인가? 예컨대 자식들에 대한 책임은 간단히 나 몰라라 내팽개칠 수 없는 것 아닌가?"

이런 말을 들으면 모두가 고개를 끄덕인다. 그러나 도덕을 내세워 딴죽을 건다고 거기에 걸려 넘어져서는 안 된다. 그것이 도덕이나 윤리에 관한 것이라 하더라도 당신이 책임을 선택할 수도 있고 선택하지 않을 수도 있다는 사실은 변하지 않는다. 실제로 사람들 중에는 자식에 대한 부양책임을 선택하지 않은 이도 많다. 그들에게는 자기실현이 부모로서의 의무나 그것을 하지 않았을 때 따를 불이익보다 더 중요한 것이다.

예컨대 가족의 행복에 대해 책임감을 느낀다면, 당신은 그 책임을 선택한 것이다. 물론 선택하지 않을 수도 있다. 그것이 도덕적인가 부도덕한가 또는 옳은가 그른가 하는 문제는, 여기에서는 논쟁의 대상이 아니다. 그러나 일단 어떤 것을 선택하였으면 그에 책임을 져야 한다. 그 결과를 떠안아야 한다는 것이다. 결과가 마음에 들지 않는다고 불평하면 자존감이 무너진다.

일반적으로 우리는 가치와 도덕관이 이미 주어진 것이라고 믿는다. 그것들은 사회적으로 정의되어 있으며, 사회는 우리를 그 질서 속에 두기 위해 엄청난 압력을 행사한다. 그런데 우리가 추종하는 그 가치관은 실은 우리가 선택한 것이다. 이 사실을 우리는 망각하고 있다.

그런데도 어른이 된다는 것에는 우리의 삶을 규율하는 여러 가치관을 선택한다는 것이 포함되어 있다. 물론 다른 대안적 가치관도 비교해가면서 말이다.

앞에서 나는 자식 양육에 대한 책임도 선택할 수 있는 일의 한 사례로 언급했는데, 그 이유는 사람들이 이 일에 대해 매우 감정적으로 반응하며 때로 격분하기도 하기 때문이다. 이런 사례는 도덕으로 인해 우리의 시각이 얼마나 자주 왜곡되는지를 뚜렷이 보여준다. 사람들은 도덕이라는 이름으로 이미 많은 것을 희생하였으며, 너무나 의심스러운 수단들을 신성시하였다. 도덕은 언제나 다른 것보다 우월한 위치에 있다.

도덕론자는 상처받지도 않았으면서 마치 자신이 희생자인 듯한 태도를 보인다. 우쭐대며 실제 희생자를 대신해서 목청을 높인다. 마치 그들에게서 그럴 권리를 위임이라도 받은 듯 말이다.

그런데 역설적이게도 그는 실제로 희생자이다. 자기 스스로 정한 한계의 희생자인 것이다. 그는 스스로 외부에서 부과되는 의무의 희생자라고 느끼며, 어쩌면 그것 때문에 괴로워하는지도 모른다. 그러나 자신이 그 의무에 대해 "예"라고 대답하였음을 망각한 채 그 책임에 대해서는 입을 다물어버린다.

자신을 희생자라고 느끼는 사람, 스스로 의무에 굴복하는 사람은 보상을 기대한다! 바로 이것 때문에 각종 권리 주장, 보상 요구, 선처 요청 따위가 일어나며, 그중 일부는 도덕적 압박을 동원하여 고도로 전문적으로 이루어진다. 사람들은 자신이 내린 결정을 모르는 체하며 권리를 주장하고, 보상을 요구하며, 적어도 고맙다는 말은 기대할 수 있다는 태도를 보인다.

논리적으로 생각하면, 당신이 하는 모든 행위는 자신을 위해서 하는 것이다. 그것이 자신에게 중요하기 때문에, 자신이 옳다고 여겨서, 또 그것이 자신의 규범과 가치에 부합하기 때문에 하는 것이다. 그렇게 하는 편이 마음도 편하고 더 좋기 때문에 하는 것이다. 그렇게 하지 않는다면 아마도 당신의 마음은 매우 불편하리라.

당신이 한 일은 오직 당신을 위해서 한 것이다. 이를 잘 기억해두기 바란다. 자신의 행위가 남에게 유용할 수는 있다. 자식이 그런 예이다. 당신의 행위로 자식들은 용기를 얻고 필요한 능력을 키울 수 있다. 하지만 선택에 대한 책임은 당신에게 있다. 다른 행위가 아닌 그 행위를 하기로 결정한 것이 당신이기 때문이다.

행위는 언제나 욕구를 채우기 위한 것이다. 모든 행위는 언제나 이기적이다. 내가 남에게 선을 베풀려 한다면, 그것이 자신에게 어떤 좋은 일이 되기 때문에 그렇게 하는 것이다. 그렇지 않다면 선행을 하지 않을 것이다.

무엇을 행할 때는
자신을 위해서 하라!

# 자유의 한계

## 자유에의 강요

"모든 것을 흑백 논리로 보는 것이 아닌가? 회색지대도 있지 않은가?"

누군가는 이렇게 반론을 펴기도 한다. 그러나 여러 가지 가능성 사이에서 하나를 고를 수 있다고 느끼는 사람은 많지 않다. 대부분은 그저 두 가지 악 중에서 하나를, 말하자면 콜레라와 페스트 중에서 하나를 선택해야 한다고 생각한다. 또한 여러 선택지를 갖고 있다고 하더라도 어떤 문제든 답이 분명한 경우는 거의 없다. 늘 충분한 근거를 갖춘 찬반론이 있기 마련이다. 그러나 한 가지 분명한 사실이 있다. 선택하지 않을 수는 없다는 것이다. 설사 아무 결정을 내리지 않는다고 해도 그건 이미 결정하지 않기로 결정한 것이다.

결정되지 않은 상황에서 당신은 짐을 짊어진 듯한 느낌이 들 수 있다. 일이 끝나지 않은 것 같고, 두 손은 자유롭지 않아 마음대로 움직일 수 없고, 늘 주변을 고려해야 하고, 사회적 관계에 주의해야 하며, 민감한 사안은 피해야 한다. 당신은 불분명하고 무질서한 여러 관계와 상황에 둘러싸여 있다. 그러나 결정함으로써 상황을 유리하게 바꿀 수 있다. 그렇지 않으면 결정을 내리지 못했을 것이다. 일의 결과가 어떻든 일단 결정한 후의 상황이 더 편안하고, 더 가볍다. 이것이 당신의 선택이다. 선택하는 행위는 속일 수 없다. 이를 철학자 장 폴 사르트르는 "자유에의 강요"라고 불렀다. 예컨대 "결정은 당신에게 달려 있다"라는 말을 어떤 이유로 거부한다면 그것은 당신이 그렇게 하기로 결정한 것이다. 당신이 "자신의 행위는 자유로이 선택한 것"이라는 진술을 거부한다면, 역설적으로 그것 역시 스스로 선택한 것이다.

'만약'과 '그러나' 사이에서 망설이는 것, 선택할 게 너무 많아서 혼란스러워하는 것, 모든 게 좋아 보여서 결정하지 못하는 것, 그 모든 것의 진짜 문제는 결정하지 않은 데 따르는 결과에 책임을 지지 않으려 한다는 점이다.

의식하든 의식하지 못하든 우리는 언제나 선택을 한다. 그러나 선택에 가치를 부여하는 것은 '의식적 선택'이다. 그러므로 진정한 책임은 의식적으로 선택하는 과정에서 성장한다. 현자는 이렇게 말한다.

> 그대가 행하는 것을 선택하라.
> 그러면 그대는
> 늘 그대가 선택한 것을 행하게 된다.

자신을 상황의 희생자로 여기고 남에게 그 책임을 지운다면 그것은 스스로 결정하는 삶을 살지 못하는 것이다. 그러면 불평과 한탄이 이어지고 자신이 이번 생에 지불할 수 있는 가장 비싼 값을 치르게 된다. 바로 자존감의 상실이다. 선택의 자유가 있다는 사실을 의식하는 것은 존재하는 모든 것을 자신이 선택하였음을 의식하는 것이다.

나는 오랜 지인인 하이드룬의 말을 또렷이 기억하고 있다. 그녀는 잡화 체인점의 판매사원으로, 자신의 직장 분위기가 재앙 같다면서 불평하였다. 그녀는 수년 전부터 그곳에서 일하였으며 온갖 경험을 했는데, 그 장광설은 다음 문장에서 정점에 달했다.

"아무도 제 발로 그 직장에 가지는 않을 거예요!"

그런데 하이드룬은 어땠는가? 그녀는 아침마다 그곳에 제 발로 일하러 가지 않았던가? 집세도 내고, 살림살이도 좀 낫게 꾸려가고, 아이들의 요구도 좀 더 많이 들어주고 싶어서 그곳에서 일하기로 결정한 게 바로 그녀 아니었던가? 욕구를 충족시키고, 목표를 달성하고, 꿈을 실현하려고 하는 것이 그녀의 자발적 선택이 아니란 말인가? 자신에게 솔직하다면 그녀도 다음 문장을 인정할 것이다.

> **당신이 행하는 모든 것은**
> **당신이 자발적으로 하는 것이다.**

누구든 지금 당장 새로운 선택을 할 수 있다. 그 대가를 치를 준비만 되어 있다면. 자신의 행복과 불행에 대해 다른 상황이나 다른 사람에게 책임을 지운다면 그는 더 이상 앞으로 나아가지 못한다. 어쩌면 자신의 주의력을 다른 곳으로 돌리는 데에는 성공할 수 있을지 모른다. 그러나 바뀌는 것은 전혀 없다. 순전히 시간 낭비이다. 남에게서 책임을 찾는 것은 아무것도 하지 않은 채 그 자리에 머물러 있는 자신의 수동적 태도를 정당화하는 변명일 뿐이다.

인간과 지구상의 모든 다른 생명체를 구분해주는 것은 바로 선택할 수 있는 능력, 스스로 결정하는 능력이다. 남 탓하기를 멈출 때만, 오직 자신만이 자기 인생에 책임이 있음을 인정할 때만 최고의 성공, 행복, 그리고 건강을 얻게 된다. 돈도 얻을 수 있다. 경제적으로 성공하려면 자기 삶을 장악하는 힘이 있어야 한다. 책임 떠넘기기를 그만두어야만 비로소 자신에게 권능을 부여하여 활동하게 되며 자신의 현 상태를 개선하기 위해 변화를 시도하게 되기 때문이다. '해야 한다'에서 '내가 한다'로 방향을 전환하는 것이야말로 가장 가파른 성공의 길이다.

그러므로 자신을 무력한 상황의 희생자로 여길 게 아니라, 여러 가치를 잘 비교한 다음 하나를 선택하는 것이 훨씬 더 현실적이다. 어떤 방법으로 결정을 내리든, 자기 삶에 대한 책임을 기꺼이 떠맡는 것이다. 자신의 책임을 의식하는지 그렇지 않은지가 자발적 권능 부여와 자발적 권능 박탈을 구분해준다. 당신은 어느 편에 속하고 싶은가? 스스로 선택하라.


## 불가피한 것과 원하지 않은 것

선택의 자유에 한계가 있는가? 그렇다. 한계는 틀림없이 존재한다. 예를 들면 출생 같은 사항을 자신이 선택할 수는 없다. "나는 태어나기로 결정하였다"라는 말은 있을 수 없다(물론 몇몇 종교적 신비를 믿는 이들은 그렇게 생각하기도 한다). 우리는 자연법칙에 종속되지 않을 수 없다. 높은 건물에서 뛰어내리면 떨어질 것이다. 새처럼 날겠다는 결심과는 상관없이 말이다.

"정말 푸른 눈을 가졌으면 좋겠어!"

"다시 한번 이십 대가 되고 싶어!"

"내가 수탉이면 좋겠어!"

이런 것들은 내가 마음먹은 대로 선택할 수 없는 일이다.

죽음 역시 불가피한 일이다. 하지만 여러 가지를 예상하여 그 위험성을 줄일 수는 있다.

"노박 조코비치처럼 테니스를 잘 치면 좋겠어!"

이는 사실상 개연성은 없지만, 원칙적으로 가능한 것의 영역에 속한다. 그러나 평생 고된 연습을 하지 않고는 그 누구도 실현하지 못할 일이다.

선택의 자유는 스스로 행하기로 결정할 수 있는 행위, 자기 마음대로 선택할 수 있는 행위이다. 마음대로 행할 수 없는 일은 선택할 수도 없다.

물론 우리의 행위가 교육, 역사, 출신에 따라 이미 규정되어 있다는 점을 간과할 수는 없다. 그것은 우리의 전통과 공동체적 관계 속에 스며들어 있다. 사람들은 흔히 "여기서는 늘 그렇게 하는걸!"이라고 하지 않는가 말이다. 우리의 등짐 속에는 필수적 의무와 당위적 의무가 겹겹이 들어 있다. 부모, 권위, 그리고 문화가 짐 지워 준 것이다. '의지의 자유'란 아무리 좋게 봐도 충분히 의문이 가는 사안이다. 그러나 여기서는 의지의 자유에 대한 학술적인 토론을 하려는 게 아니다. 중요한 것은 자기가 결정하는 인생, 행위의 자유, 그리고 우리의 결정에서 도출되는 책임이다.

그런데 스스로 책임지는 인생을 살지 못하게 막는 것은 무엇인가? 왜 우리 사회는 선택의 자유를 거의 완전히 망각하고 있는 걸까? 결정하는 일이 왜 그리도 어려운가? 용기를 갖고 자기결정에 따라 삶을 영위하는 사람은 소수인데 그 이유는 무엇인가? 우리는 왜 남이 자신의 꿈을 충족시켜주기를 기대하는가? 왜 남이 자기 코앞에 내민 목표와 기대를 향해 뛰어가는가? 왜 우리는 종종 의욕이 없고, 동기를 상실하며, 단호하게 결정을 내리는 데 약한가? 왜 우리 사회와 수많은 조직에서는 끙끙 앓는 소리가 그치질 않는가?

이러한 물음에 대한 답을 나는 다음 장에서 다루려고 한다. 우리는 자기 내면에서 에너지를 끌어내는 일에 익숙하지 않다. 행위에 필요한 에너지를 외부에서 끌어들이는 데 젖어 있는 것이다. 남들이 자기를 돌봐주어야 하고, 동기를 부여해주어야 하고, 발동이 걸리도록 등을 떠밀어주어야 한다고 여기는 것이다. 그 대신 우리는 그들의 조종을 받는다. 이런 식으로 외부 제어와 동기 유발이라는 정교한 체계에 종속되어 있는 것이다. 이 체계는 영원한 사랑과 복지를 약속함으로써 우리를 사로잡고 있다. 마치 마약중독자처럼 말이다. 이렇게 우리는 타인에게 자신에 대한 결정권을 넘기는 것이다.

이러한 동기부여 시스템이 어떻게 작동하는지를 이해해야 비로소 우리는 그것을 선택할지 선택하지 않을지 결정할 수 있다. 그러므로 이제 핵심은 다음의 질문에 답하는 것이다.

"당신은 자신의 인생을 남이 결정하게 할 것인가?"

# 2장

무엇이 선택의 자유를 가로막는가

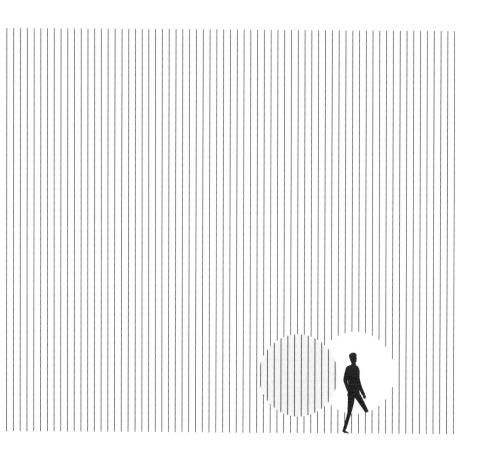

# 보상은 곧 징벌

### 당근과 채찍

우리는 습관적으로 자신의 행위에 필요한 에너지를 외부에서 얻으려고 한다. 우리는 다른 사람이 자신을 통제하도록 하는 일에 익숙하고, 그런 방식은 꽤 잘 작동하는 것처럼 보인다. 스포츠 트레이너는 '동기부여의 예술가'이다. 교사는 학생들에게 의욕을 불어넣는다. 사장은 직원들을 독려한다. 직무상의 특별한 활동에는 보너스가 뒤따른다. '1주에 5킬로그램 감량'이나 '슈퍼모델의 파워 다이어트 비법' 같은 문구는 이상적인 몸매를 만드는 전쟁에 동참하라고 사람들을 꼬드긴다. 국가는 세제 혜택과 양육비 인상을 내세워 청년세대에게 부모가 되라고 유혹한다. 회사는 영업실적 최우수 직원의 아내에게 모피 코트를 선물함으로써 매일 이른 아침부터 남편을 집 밖으로 내몰게 만든다. 설사 남편이 원하는 실적을 올리지 못한다 해도 모피 코트라는 미끼는 여전히 유혹의 수단으로 남는다.

'저게 당신 차지가 되었어야 하는 건데… 잘하면 다음번에는…'

이런 보상 앞에서는 누구나 약해지는 법이다. 칭송과 찬사 앞에서도 마찬가지다. 흔히 교육에는 '긍정적 강화'의 원리가 적용된다. 예컨대 많은 부모가 자식이 좋은 성적을 받아오면 용돈을 준다.

"음식을 남기지 않고 다 먹으면 저녁에 텔레비전 보는 것을 허락하마."

"일요일 아침에 함께 운동하면 아이스크림을 사 주지."

학교에서는 칭찬 카드라는 것을 만들어 아이들이 바람직한 행동을 하도록 장려한다. 항공회사는 보너스 마일리지 제도를 도입하여 비행기를 많이 타는 승객을 자기 회사의 단골로 묶어둔다. 훈장이나 명예 메달 같은 것은 사회적 차이를 부각시킨다. 운동 분야의 상금 규모는 천정부지로 치솟고 있다. 여기서는 할인을 해주고, 저기서는 보너스를 준다고 한다. 현상공모는 매력적인 상금으로 사람들을 유혹한다. 사회주의 시절 동독의 '노동 영웅'은 자본주의 독일의 '이달의 직원'이 된다. 국가는 디젤 자동차를 모는 운전자에게 보조금을 준다. 유럽연합은 우유 생산을 포기한 농부들에게 현금을 제공한다. 부부는 세제 혜택을 포기할 수 없어서 마지못해 형식적으로 함께 살기도 한다. 또 교회는 지상에서 순종할 경우 천국에 귀빈석을 마련해주겠다고 약속한다.

혼인이나 동거 관계에서도 상황은 다르지 않다. 이때는 역학이 '동기부여'나 '교육'의 범주가 아니라 '사랑'이라는 범주에서 기능하는 것일 뿐이다. 사랑을 약속하거나 거절하는 것은 상대를 자신의 요구에 맞추려고 할 때 사용하는 정교한 통제장치이다.

"당신이 내가 원하는 대로 조금 더 해주면 나도 당신을 조금 더 사랑할 거야…."


### 인간과 실험용 쥐에 대하여

우리는 사람들에게 어떤 자극을 줌으로써 그들이 바람직한 행동을 하도록 만들 수 있다. 이는 굳이 다툴 필요가 없는 자명한 사실이다. 많은 연구자가 인간 행위의 동기를 분석하고 그것이 행위에 미치는 영향을 파헤치는 일에 매달리고 있다. 그들은 모두 '어떻게 하면 상대가 내가 원하는 것을 하도록 만들까?' 하는 동기부여의 문제를 가장 중요하게 다룬다.

이에 대한 수만 가지 답을 다음 한 문장으로 압축할 수 있다.

"이걸 하면 저걸 주마."

동기부여 체계는 이 모형에 따라 작동한다. 이 체계는 우리의 공동생활, 교육체계, 경제생활의 골수에까지 스며들어 있다. 그것은 너무 웃자라 우리의 삶을 뒤덮은 채 우리에게 전면적 일치를 강요하며, 통제국가처럼 사적 영역에까지 후견자로서 개입한다. 이는 우리 사회 전반의 사고모델이자 통제모델이다.

부정적 측면에서, 우리가 외부의 뜻에 순응하게 만드는 주요 전략은 징벌이다.

"내가 원하는 대로 행동하지 않으면 재미없을 거다!"

이 전략이 성공하려면 상대가 '내가 원하는' 태도를 기꺼이 보이려고 할 만큼 내가 강력한 징벌 수단을 갖고 있어야 한다. 물론 사람들은 징벌의 압박감을 피하려고 애쓰며 때에 따라서는 '도피'를 선택하기도 한다. 예컨대 아이들은 잠잘 시간에 이불을 덮어쓴 채 몰래 만화책을 보거나 SNS를 한다. 아내들은 친구들과 만날 때만 담배를 피우고, 남편들은 직장이 아닌 곳에서 '야근'을 한다. 이를 막을 각종 통제기제와 도주 억제장치(혼인 계약서나 기업의 근무시간 기록 장치 등)가 생겨났다. 당연한 귀결이다.

긍정적 측면에서 사용할 수 있는 주요 전략은 보상이다.

"노력하면 보상을 받을 거야."

학습 능력이 우수한 학생은 한 학년 월반을 하고, 판매 성과가 우

수한 직원은 승진하며, '요령 있는' 아내는 크리스마스에 다이아몬
드 반지를 선물 받는다.

그러므로 보상과 징벌은 서로 밀접하게 연관되어 있다. 일단 보
상을 받으면 비슷한 상황에서 다시 보상받으리라는 기대가 생긴다.
그런데 이러한 기대는, 만일 보상을 받지 못하면 징벌을 받을 것이
라는 두려움으로 변한다. 흔히 보상과 징벌, 칭찬과 비난을 대립관
계로 이해하지만, 이들은 오히려 같은 동전의 양면과 같다. 또 이 동
전은 그리 대단한 가치가 있는 게 아니다.

내가 관심을 두는 문제는 당근과 채찍의 심리학이 잘 작동하는가
또는 보상과 징벌을 통해 다른 사람을 자신이 원하는 방향으로 행동
하게 할 수 있는가 하는 문제가 아니다.

내가 중요하게 여기는 것은, 당신이 보상과 징벌의 체계에 발을
들여놓을 때 당신에게 무슨 일이 생기고, 자신에게 필요한 에너지를
외부에서 얻고자 할 때 어떤 결과가 생기는가 하는 점이다. 또 남에
게 자신에 대한 결정을 맡길 경우 어떤 부작용이나 후유증이 나타나
는가 하는 점이다.

보상 시스템 내에서 작은 지렛대를 아래로 누르는 훈련을 받은
실험용 쥐는 나중에는 보상을 얻으려고 어떤 행동도 마다하지 않게
된다. 이제부터 이 실험용 쥐의 시각에서 서술할 것이다.

## 욕구의 상실

한 심리학 연구에서, 여학생들에게 자기들보다 어린 아이들에게 새로운 놀이를 가르치는 과제를 부여하였다. 그들에게 가르치는 데 성공할 때마다 영화관 입장권 한 장을 준다고 약속하였다. 또 다른 여학생 그룹에는 똑같은 과제를 주었지만 아무런 보상도 약속하지 않았다. 그런데 놀라운 결과가 나왔다. 가르치는 일에 더 성과를 낸 그룹은 보상 없이 그 과제를 받은 여학생 그룹이었다.

구조 면에서 이와 유사한 다수의 연구가 동일한 결과를 입증해 준다. 보상 때문에 특정 과제에서 성과를 내는 사람들은 쉽게 흥미를 잃어버리고 불만을 품게 되며, 보상에 대한 약속 없이 그 과제를 맡은 사람들보다 못한 성과를 낸다는 것이다. 왜 그럴까? 보상을 받은 사람들은 스스로 그 일을 의미 있는 것으로 여겨서 행동한 것이 아니기 때문이다. 보상이 그 일의 의미를 대체해버린 것이다.

보상은 사람의 행위를 제어하는 강력한 힘을 지니고 있다. 어린 아이들이 자발적으로 하는 어떤 일에 대해 보상을 한다면, 이는 아이들의 본래의 행위 이유를 파괴하는 것이다. 아이들의 집중력은 본래의 행위 과정과 결과에서 벗어나, 오히려 보상 쪽으로 이끌리고 만다. 이는 열정을 가지고 행하는 일에서 특히 더 그러하다. 그렇게 되면 얼마 안 가서 본래의 행위는 더 이상 중요하지 않고 보상만 중요하게 여기게 된다. 자발적 동기가 보상이라는 산성 용액 속에서 흔적도 없이 용해되어버리는 것이다.

당신 자신의 상황을 생각해보라. 새로운 직장에 들어갔을 때의 열정을 떠올려보라. 돈은 그리 중요하지 않았다. 일 자체에서 느끼는 재미가 더 중요하였다. 새로운 것을 시도하고, 자신의 능력을 발휘하고, 긴장감을 유발하는 과제를 해결하려 하였다. 그러나 당신은 곧 알아차렸다. 그런 적극적인 활동이 긍정적 반응만 끌어내는 것은 아니라는 사실을 말이다. 직장에서는 좋은 태도, 상사의 의견에 되도록 시비하지 않고 잘 맞추어주는 행위가 당신이 중요하게 여기는 것보다 오히려 더 인정받는다. 말하자면 남이 옳다고 여기는 것에 따라 주어야 더 유능한 사람이 되는 것이다. 그 대가로 당신은 월급을 좀 더 올려 받고, 보너스를 챙기고, 사장의 격려를 듣기도 한다.

그런데 시간이 흐르면서 점점 지루해진다. 이제 재미를 느끼기 위해서 또는 최대의 이익을 내기 위해서 일하는 것이 아니라 최대의 보상을 얻기 위해서 무엇을 할지만 생각하게 되어버린다. 보상이 손짓하는 것을 보느라 일 자체, 구체적인 행위, 노동의 과정, 그리고 자신이 이룩한 일의 가치를 놓쳐버리는 것이다. 수많은 사람이 '살기 위해 일한다!'는 문장에 동의하고, 자기의 진짜 인생은 퇴근하고 나서야 비로소 시작된다고 말하는 까닭이 바로 여기에 있다. 또 이 때문에 그렇게 많은 학생이 열등생이 된다는 두려움에 시달리며, 학교를 스트레스의 대상으로 여기는 것이다.

그런데 어째서 보상이라는 것이 우리의 재미, 일 자체에 대한 흥미를 갉아먹는 것일까?

이 질문에 대한 답을 찾기 위해서는 보상 속에 감추어진 숨은 메시지를 파악하는 것이 중요하다. 누가 당신에게 보상을 한다면, 그는 "너는 내가 원하는 무언가를 행하였다"라고 말하는 것이다. 그렇지 않고서야 그가 당신에게 보상할 까닭이 없다. 따라서 그는 이제 당신의 수고를 변상해야 한다. 이런 일은 일반적으로 "계속 그렇게 해!"라는 무언의 요구와 결부되어 있다. 그러므로 누군가가 당신에게 더 많은 보상을 제공할수록 그는 당신에 대한 외부의 결정을 더 강조하는 것이다. 그리고 그 보상을 받아들이는 사람은 자기 인생을 다른 사람이 결정한다는 것을 스스로 입증하는 셈이다.

"나는 내가 원하는 것이 아니라, 당신이 원하는 바를 행한다."

우리는 아이들이 착한 일을 하면 "내일 토이스토리 보자"라고 얼마나 자주 약속하였던가. 보상의 효과는 아이들에게도 어른의 경우와 동일하게 작동한다. 보상의 종류가 다르고, 외부 통제의 방식이 더 직접적이기는 하지만 말이다. 이런 방식으로 우리는 무의식적으로 외부의 통제를 체험하게 된다. 자신을 타인의 의도를 채워주는 보조적 존재로, 타인의 이익에 봉사하는 존재로 느끼는 것이다. 원래 하고 싶지는 않지만 대가가 주어지면 할 수 있는 일을 해주고 보상을 받는 일을 하는 것과 같다.

"그 일은 참 바보 같은 짓이지. 하지만 난 돈이 필요하거든!"

이렇게 해서 점점 더 스스로 자기의 삶을 꾸려가는 것이 아니라 남이 정해주는 인생을 살아가게 된다. 자신이 하는 행위가 아니라 그 행위에 뒤따르는 것, 즉 보상, 여가, 연금 따위만 생각하게 된다.

중요한 것은 그렇게 사는 것이 전혀 행복하지 않다는 사실이다. 마치 자신이 어떤 강압에 내몰려 있다고 느끼게 된다("요즘 어떻게 지내?" "그저 그래. 다른 방법이 없으니까.").

이런 결과를 강화하는 또 다른 숨겨진 메시지가 하나 있다. 어떤 수단이든 원래의 목적이 아닌 다른 목적에 쓰이면 사실상 그 자체로는 완전히 무가치해진다는 것이다. 어떤 것이 그저 다른 것의 전제조건으로 쓰인다면 그것 자체는 추구할 만한 것으로 볼 수 없다.

"이것을 하라. 그러면 너는 저것을 받을 것이다."

이 말은 자동적으로 '이것'의 가치를 박탈해버린다. 따라서 보상을 받는 사람은 "누군가 내게 보상해주어야 한다고 생각한다면 거기에는 틀림없이 뭔가 구린 구석이 있다"라고 받아들여야 한다. 그러므로 보상에 대한 약속은 그 일이 그 자체로는 별 가치가 없음을 뜻한다. 말하자면 보상이란 오물처리 업무에 대한 추가 수당 비슷한 것이다.

모든 심리학 연구 결과가 증명하듯, 물질적 자극의 수준이 높을

수록 거기에 필요한 활동에 대해 사람들은 부정적으로 평가한다. 또 보상을 열망할수록 그것을 획득하는 데 필요한 활동을 더 대단치 않은 것으로 여긴다. 부모가 자식에게 "수학 숙제를 하면 오늘 텔레비전을 더 오래 봐도 된다"라고 말한다면, 수학 숙제가 그 자체로 즐거움을 줄 수 없는 것이고, 아무런 의미도 지니지 못한 것이라고 알려주는 셈이다.

보상은 일 자체에 대한 즐거움을 보상에 대한 즐거움으로 대체해버린다. 보상은 일에 대한 자연스러운 흥미와 의욕을 갉아먹는다. 보상은 우리가 그저 즐거워서 뭔가를 하려고 적극적으로 나서는 것을 막아버린다.

> 보상은 의욕을 파괴한다.
> 또 그 이상의 훨씬 심대한 결과를 초래한다.

### 달콤한 마약

아동 교육 관련 논문에서 '긍정적 강화'의 원리를 언급하지 않는 경우는 거의 없다. 그러나 여기에는 강력한 걸림돌이 있다. 당신 자녀의 경우를 예로 들어보자. 아주 어릴 때는 새 운동화 한 켤레로 충분한 보상이 되었을 것이다. 그것이 2년 전에는 인라인스케이트가 되었고, 지난해에는 북해 연안 쥘트섬의 일주일 서핑 코스가 되었다. 그리고 올해에는 어떤 방식으로든 더 큰 것을 주지 않을 수 없을 것이다.

이런 식으로 상대를 몰아가려 한다면, 자극의 수준을 늘 조금씩 높여야 한다. 그래야 동일한 수준의 성과를 달성할 수 있다. 그러나 회가 거듭될수록 그 성과가 부진해진다. 보상의 효과는 오래가지 않는다. 동기부여는 보상이 영원히 계속 주어질 때만 또는 보상이 증가할 때만 가능할 것이 자명하기 때문이다.

동기유발 수단의 효과는 애당초 기껏해야 짚불 정도에 지나지 않는다. 보상은 처음에는 아마 뜻밖의 것으로, 노고에 대한 고마움의 표현이었겠지만 반복될수록 점점 뇌물이 되어간다. 보상은 약속을 포함한다. 비슷한 일을 하면 계속해서 다시 준다는⋯. 보상이 주어지지 않거나 기대에 미치지 못하면 보상받는 이는 섭섭한 느낌이 들 것이다. 받는 사람의 입장에서, 어떤 상황에서 보상이 있을 거라고 예상하였는데 받지 못하면 그것은 징벌보다 더 심한 부정적 효과를 나타낸다. 또 보상에 대한 열망이 클수록 보상이 주어지지 않았을 때의 실망도 그만큼 커지는 법이다.

당신도 이러한 보상의 메커니즘에 적응해왔을 것이다. 당신은 종종 행위 자체보다는 그에 뒤따르는 보상을 더 중요하게 여기고 그에 따라 움직인다. 원하는 것을 얻으면서 적절하게 이익을 챙기는 태도를 그렇게 발전시켜온 것이다.

이러한 논리를 정당화해주는 것은 자녀 양육, 공부, 개 산책 시키기, 잔디 깎기 같은 일들이 '성가신 활동'이라는 생각이다. 그런 일을 하는 것은 손해 보는 일이기 때문에 마땅히 보상을 해주고 대가를 지불해야 한다는 논리이다. 일의 즐거움, 행위의 기쁨, 기여의 의미를 강조하는 사람은 동정 어린 웃음거리가 되거나 삐딱한 시선을 받게 된다. 자신이 하는 일을 당연히 해야 할 것으로 여기는 사람은 순박해 빠진 사람이라며 웃음거리가 되고, 학교에서는 '노력파'라는 비아냥을 받고, 직장에서는 상사에게 잘 보이려는 아첨꾼이라며 따돌림을 당한다.

이런 맥락을 어떻게 설명할 수 있을까? 생물행동학에서는 행동에 영향을 주는 두 항목으로 충동(자체적 동기유발, 자기 제어)과 자극(외적 동기부여, 외부 제어)을 꼽는다. 이에 따르면 적절한 수준의 자극이 주어질 경우 미미한 자기 충동만 있어도 행위가 유발된다. 자극의 강도가 높아질수록 필요한 충동의 강도는 줄어든다. 그러나 그 자극은 금방 약화되어버리므로 갈수록 더 강한 자극이 제공되어야 한다. 자발적 충동의 수준은 그에 따라 점점 더 낮아지게 된다. 인간은 점점 높아지는 자극 수준에 금세 길들여져서 늘 새로운 것을 요구한다. 그러다 얼마 안 가서 추가 자극 없이는 사실상 성과를 낼 자세를 더 이상 보여주지 못한다. 고약한 인이 박이는 것이다.

이런 메커니즘으로 인해 아이들은 부모에게, 학생은 교사에게, 직원은 사장에게, 그리고 시민은 정치가에게 자신을 그릇된 길로 이끌어달라고 요구하게 된다. 이제는 그런 요구가 습관이 되어버린 탓에 그 누구도 그 요구에 별로 주목하지 않는 상태가 되어버린다. 보상에서 요구가, 또 그 요구에서 권리가 만들어지는 것이다. 그리고 얼마 안 가서 이제 각각의 사람이 국가를, 이웃을, 사용자를, 배우자를 공공연히 또는 남몰래 착취할 권리가 있다고 느끼게 된다. 자신이 원래는 원하지 않았던 삶을 살도록 그들 모두가 표면적으로 강요하는 탓이다. 그렇지 않았더라면 삶은 적어도 더 멋지고, 더 짜릿하고, 더 정당할 수도 있을 것이다. 그러나 다시 기대가 충족되면, 사람들이 피했으면 하는 바로 그것, 즉 불만이 생겨난다. 상대가 요구하는 수준은 점점 더 높아진다. 반면 자기 주도성은 점점 더 줄어든다. 스스로 책임지기보다는 보상만 기다린다.

이것으로도 충분치 않다. 자극의 강도가 올라가도 자신의 구동 에너지가 충분히 가동되지 않으면, 행위 역량이나 의욕, 무엇보다도 창의성과 호기심은 제자리에 머물러버린다. 이런 것들이 우려스러울 정도로 쌓여 불만을 만들어낸다. 이와 같은 못된 버릇이 들면 결과적으로 짜증이 나고, 무서울 정도로 권태감이 들며, 요구는 끊임없이 증가한다. 불평하고 한탄하는 데 에너지를 다 써버리고 마는 것이다. 젊은 세대는 이제 휴가라도 '로빈슨 클럽'(단순히 해변에서 선탠이나 하면서 보내는 휴가가 아니라, 사교, 스포츠 등을 겸한 고급 휴가를 보낼 수 있도록 만든 신개념 휴가 클럽으로, TUI 항공사가 소유하고 있다._역자) 정도는 되어야 동참한다.

"작년에는 별 네 개짜리 호텔이었거든. 식사도 훨씬 더 좋더라고."

보상으로 인해 못된 버릇이 든 나머지 징징거림과 투덜거림이 몸에 밴다. 교육이 시작된 이래 줄곧 새로 개발된 보상으로 인해 우리 내면에서 나오는 에너지와 내재적 동기는 지속해서 파괴되어 왔다. 이에 따라 점점 더 세고 강한 자극을 제공하지 않으면 안 되는 악순환에 빠지게 되었다. 이제 어떤 일을 할 때 스스로 원해서 그 일을 한다고 생각하는 사람은 거의 없다.

> 보상은 의욕을 의무로 바꿔버린다.

### 질투와 시기

잠시 학창 시절로 돌아가 보라. 자신이 한 반의 30여 명 학생 중의 하나라고 생각해보라. 학년 초, 선생님은 금요일마다 쪽지 시험을 보겠다고 통보한다. 그러면서 일등 하는 학생에게는 상을 주겠단다. 이제 당신은 어떤 눈길로 급우들을 바라보게 되는가? 이런 경쟁이 학생들의 협동생활에 어떤 영향을 미치는가? 누군가가 도움을 요청한다면 당신은 어떻게 하겠는가? 학생들 사이에 연대감과 공동체 의식이 자랄 수 있을까?

현대 기업은 '협력'이라는 이념을 중심으로 구축되어 있다. 팀원들이 서로의 능력을 공유하고, 지식을 교류하며, 기술을 융합함으로써 팀이 잘 돌아가고 최고의 성과를 낼 수 있다는 것을 당연하게 받아들인다. 이 과정에서 팀에 대한 신뢰가 구축된다. 그래서 기업이 사람을 고용할 때도 팀워크를 가장 중요한 자질로 평가한다. 그러나 동시에 바로 이런 팀워크 능력을 갖춘 졸업생이 매우 드물다는 불평이 끊이지 않는다.

그런데 이것이 놀랄 만한 일인가? 옛날부터 숱하게 들어 온 메시지가 지금도 여전히 교실에서 울려 퍼진다.

"나는 '너'가 뭘 할 수 있는지를 보려는 것이지, 네 친구가 뭘 할 수 있는지를 보려는 게 아니다."

독일의 학교는 여러 부분에서 개인별 보상과 징벌 체계에 기초해 있다. 이런 체제에서 학생들이 관심을 두는 단 한 가지는, 급우들이 자신보다 공부를 잘하느냐 못하느냐 하는 것이다. 보상은 모든 가능한 것을 촉진하는 역할을 한다. 하지만 협력과 공동체 의식을 키워내지는 못한다.

아이들이 태어날 때부터 적대적인 의식을 갖고 있거나 자라면서 그런 생각을 키워가는 것은 아니다. 예컨대 관련 연구에 따르면, 협동적 놀이와 경쟁 중에서 하나를 선택하라고 하면, 아이들은 대다수 협동을 선택한다. 남보다 앞서는 것은 아이들에게 큰 매력으로 작용하지 않는다. 그들은 경쟁하기보다 함께 놀기를 더 좋아한다.

경쟁이 공동체에 미치는 심대한 영향이 또 하나 있다. 경쟁은 질투와 시기를 너무 자주 만들어낸다는 것이다. 남들과 똑같이 대해주지 않거나 '좋아하는 아이'를 편애하는 데 대한 불평은 너무 흔하다. 이러한 불평은 인간 사이의 신뢰를 파괴하고, 학습의 성과와 성취를 위한 근본적인 전제조건을 파괴한다. 보상은 서로를 경쟁자로 만들며, 모두를 경쟁관계 속으로 밀어 넣는다. 이런 관계에서는 한 사람의 성공이 곧 다른 사람의 패배를 의미한다. 한 사람을 보상하는 것은 동시에 다른 모든 이를 간접적으로 징벌하는 것이 된다. 그리고 경쟁은 언제나 얻는 사람보다 잃는 사람을 더 많이 만들어낸다.

**신뢰와 경쟁은 서로 배타적 관계이다.**

경쟁적 조건에 처해 있다면 여유를 갖고 서로를 격려하는 관계를 구축하기가 불가능하다. 기존의 연구 결과도 이러한 주장을 뒷받침한다. 부모의 보상에 근거하여 동기부여되는 아이들은 그렇지 않은 부모의 아이들에 비해 협동성이 평균적으로 눈에 띄게 뒤지는 것으로 나타난다.

부모는 아이가 안정감을 느낄 수 있고, 문제가 있을 때 도움을 요청할 수 있는 분위기를 만들어주려 할 것이다. 그리고 성인들은 경쟁에서 벗어날 때만 진정으로 긴장하지 않고 편안하게 친구관계를 맺을 수 있다고 여긴다. 일터에서도 마찬가지이다. 솔직하게 말하고, 신뢰 속에서 서로 협동하고, 실수까지도 인정할 수 있는 상호 격려의 분위기를 느낀다면, 이는 양호한 직장 관계라고 할 수 있다. 그런데 바로 이것을 보상체계가 파괴해버린다.

예를 들어, 회사에서의 출세 여부를 결정하는 사람이 사장이라면, 당신은 분명히 깃발을 사장이 일으키는 바람 쪽에 맞추어 꽂아둘 것이다. 분위기를 살펴 사장의 귀에 거슬리는 말을 하지 않게 될 것이다. 옳은 일은 더 이상 하려 하지 않고, 자신이 한 일을 옳은 것으로 만들려고 할 것이다. 잘못을 숨기려 할 뿐, 그것을 학습의 기회로 삼지는 않을 것이다. 그러나 이런 식으로는 개방적이고 협동적인 직장 관계가 절대 이루어질 수 없다.

불량 학생에게 좋은 성적을 받으면 용돈을 주겠다고 약속한다면, 그는 결코 좋은 학생이 되지 못한다. 성적이 나쁘다고 외출 금지, 텔레비전 시청 금지 또는 용돈 삭감 따위의 제약을 가하는 것도 마찬가지로 성적을 올리는 데에는 거의 도움이 되지 못한다. 또 성적을 올리려고 학생들 사이의 경쟁을 부추기는 짓은 그 경쟁의 승자에게도 기분 좋은 일이 절대 아니다.

이렇게 수많은 사람이 '만인의 만인에 대한 투쟁'의 체계 속에 고착되어 신뢰, 공동체 의식, 그리고 전체를 위한 책임이 사라져가는 것을 용인한다. 그들은 자신을, 본질적으로 '분할통치!'라는 옛 권력 모형으로 이루어지는 역학관계의 꼭두각시로 만들어버린다. 이로 인해 그들은 이기주의와 가치체계의 몰락을 비판하지 못하게 된다. 그 결과 그들은 무엇이 중요한지를 더 이상 말하지 않고, 무엇을 얻게 되는지를 더 많이 말하게 된다.


## 무의미함에 대한 보너스

아이 엄마 한 분이 잡지에 실린 내 글을 보고 편지로 이렇게 물어왔다.

"네 살배기 제 딸이 매일 밤, 세 번씩 잠자리에서 일어나 거실로 나옵니다. 제가 어떻게 하면 좋을까요?"

'징벌' 전략을 사용한다면 이렇게 말하리라.

"우리 예쁜 딸, 당장 들어가서 자지 않으면 내일 마티나랑 같이 못 논다."

'보상' 전략을 사용한다면 이렇게 말할 것이다.

"오늘부터 닷새 동안 밤에 거실에 나오지 않고 잘 자면 네가 갖고 싫어 했던 곰 인형 사주마."

둘 다 효과가 있을 수 있다. 단기적으로는 그럴 것이다. 그런데 그보다 앞서 해야 할 것이 있다. 자신에게 이렇게 물어보는 것이다.

'아이가 왜 자지 않고 늘 바깥으로 나올까?'

딸아이를 너무 일찍 잠자리에 들게 한 것은 아닐까? 어쩌면 낮에 충분히 뛰어놀지 못한 게 아닐까? 그래서 아직 피곤하지 않은 걸까? 몇 시간 전에 일어났던 어떤 일에 빠져 있어서 누군가 대화를 나눌 사람이 필요한 것은 아닐까? 창가에 도깨비라도 있나? 아니면 거실에서 나는 소리가 너무 시끄러워서 계속 잠에서 깨는 건 아닐까?

이유가 무엇이건 간에 아이가 그런 행위를 하는 데에는 까닭이 있다. 그런데 어른들은 그것을 늘 지나쳐버린다. 인간은 누구든지, 아이들도 마찬가지로, 의미 있는 행동을 한다. 그들의 행위는 매 순간 나름대로 '충분한 의미'가 있다. 그들의 시각에서 그렇다는 말이다. 다른 사람의 눈에는 말도 안 되는 엉뚱한 짓으로 보일 수도 있다. 하지만 그들의 관점에서는 그렇게 행동하는 것이 중요하고도 옳은 것이다.

'보상과 징벌' 전략은 행위의 원인에는 신경을 쓰지 않는다. '왜'에 대해서는 관심이 없다. 이 전략은 순응을 원한다. 아이가 실제로 순응해주면 이 전략은 단기적으로 도움이 된다. 그러나 나중에 그것이 아이에게 어떻게 작용할까? 이제 아이에게 중요한 것은 자신에게 의미 있는 일을 하는 것이 아니라, 자기 관점에서 볼 때 무의미한 어떤 일을 하고 그 대가를 받는 것이 되어버린다. 아이들은 이 원리를 매우 빨리 익힌다.

때때로 우리는 의미 있는 일이 아니라
보상이 주어지는 일을 한다.

한 세미나에 참석했을 때 어떤 사람이 내게 이런 말을 해주었다.

"어느 날 거실에 앉아 있었는데, 열 살인 아들과 아내 사이의 대화를 듣게 되었습니다. 아들은 이렇게 말했죠. '엄마, 내 친구 요나단은 축구를 하는데 한 골 넣을 때마다 자기 아빠한테서 5유로를 받는대. 그런데 난 수영을 하잖아. 그러니까 내가 다음 수영 경기에서 1분 이내에 들어오면 나도 5유로 줘.' 그러자 아내는 별 관심 없다는 투로, '아들아, 엄마는 네가 수영하는 것이 재미있을 때까지 수영을 하면 좋겠구나. 수영이 재미없으면 그때는 또 다른 재미있는 일을 하면 좋겠다. 하지만 5유로를 받으려고 네가 계속 수영하는 것은 바라지 않는단다.'"

내가 하고 싶은 말을 이보다 더 명쾌하게 표현할 수는 없다. 자신을 돌아보라. 당신도 점수만 보고 살아온 것은 아닌가? 대학 입시에만 신경 썼지 배움에 대해서는 무심하지 않았던가? 또 오늘은 어떤

가? 전혀 재미를 느끼지 못하지만 돈은 되는 일을 덥석 받아들이지 않았는가? 오래전부터 속속들이 아는 운동장에서 아무런 짜릿함도 주지 못하는 운동 경기를 하고 있지는 않은가?

보상은, 그 금액이 아주 크다면, 사람들이 아무런 의미나 기쁨도 느끼지 못하는 일도 하도록 유혹한다.

'그것이 내 행위의 충분한 이유가 되는가?'

'나는 내가 정말로 원하는 일을 하는가?'

이런 생각은 다 쓸데없다. 무엇을 해야 하는지를 결정하는 것은 보상이다. 이로써 우리는 일 자체에 관심을 두지 않고 신경도 쓰지 않는 태도를 갖게 된다. 그러니까 보상이 일에 대한 의욕을 오히려 차단해버리는 것이다.


### 위험 감수? 그건 종 쳤다

보상이 효과가 있는지 그렇지 않은지는 전적으로 '효과'라는 말을 어떻게 이해하느냐에 달려 있다. 지금까지의 연구 결과들은 오해의 여지가 없을 만큼 분명하다. 보상은 일시적으로 성과 지향성을 강화하기는 하지만 행위와의 꾸준한 결속관계를 유발하지는 못한다. 또 늘 간과되는 점은, 보상은 참여의 방식을 변화시킨다는 사실이다.

예를 들어보자. 총 200명으로 구성된 대학생 무리가 퍼즐 맞추기 과제를 부여받았다. 창의성이 필요한 일이었다. 절반의 학생들은 과제 해결의 대가로 돈을 받았고, 나머지 절반은 그렇지 않았다. 그러나 학생들은 서로 돈을 받는지 받지 않는지를 모르고 있었다. 학생들은 어느 방으로 인도되었고, 거기에는 무리마다 하나의 퍼즐이 놓여 있었다. 퍼즐 맞추기가 시작되었다. 그러다 한참 시간이 지난 후 적당한 구실을 둘러대어 퍼즐 맞추기를 중단시켰다. 학생들에게는 잠깐만 기다리면 모두 집으로 가도 될 것이라고 알려주었다. 그런 다음 그들이 어떤 행동을 보이는지를 비디오카메라로 관찰하였다. 돈을 받지 않은 학생군의 82%는 기다리는 시간 동안 퍼즐 맞추기를 계속하였다. 하지만 돈을 받은 학생군에서는 18%만이 맞추기를 계속하였다.

독일의 한 중소기업은 얼마 전에 목표 합의제를 도입하였다. 목표를 달성하면 보너스를 지급하기로 한 것이다. 그런데 모든 이의 기대와는 달리, 보너스 지급액은 증가한 반면 회사의 실적은 꾸준히 하락하였다. 이 현상을 어떻게 설명해야 할까? 한 프로젝트 그룹이 분석에 참여하여 다음과 같은 결과를 얻었다. 목표 합의제의 도입은 모든 직원에게, 개인의 업무 성과가 정확히 무엇인지를 분명히 이해하도록 해주었다. 이전의, 두루뭉술하던 성과 개념을 개인별로 아주 분명하게 구분해 제시한 다음 이것이 특별히 중요하다고 선언하였다. '이것을 하면 저것을 주마'라는 원리에 따라 성과에 대한 보너스 지급을 강조한 것이다.

직원들은 이제 부분적 성과에 집중하기 시작하였다. 그 결과는 그들 각자의 지갑에 반영되었다. 그들은 회사 전체를 위해 하던 일을 점점 등한시하였다. 회사 전체를 위한 노력이 보상에서 배제되는 바람에 그 일들이 더 이상 중요하지 않게 된 것이다. 협력이 원활하지 않았고, 판매 기회가 제대로 활용되지 못한 채 방치되었다. 그것에 대한 보너스가 배정되어 있지 않았던 탓이다. 직원들은 목표 달성과 상관없는 과제는 외면하고, 창의적인 길이 아니라 빠르고 안정적인 길만을 매번 선택하였다. 한마디로 기업 정신, 기꺼이 위험을 무릅쓰는 용기가 죽어버린 것이다. 이로 인한 경제적 결과가 나타나는 데에는 오랜 시간이 걸리지 않았다.

이 두 사례에서 분명히 알 수 있다. 우리는 보상을 받으면 보상받는 데 필요한 꼭 그만큼만 행하는 경향이 있다. 목표 달성에 필요한 가장 빠른 길에 집중할 뿐 좌우를 돌아보지도 않고, 가능성이 있음을 알고도 덤벼들지 않으며, 기회가 와도 활용하지 않고 내버려둔다. 보상을 얻는 데 중요도가 낮은 것은 모두 무시해버린다. 요약하면, 보상에 길들여지면 창의성, 호기심, 놀이하듯 일하는 기쁨, 자신이 보스가 된 것 같은 기분 등이 먼저 죽어버린다는 것이다.

보상은 우리의 능력을 감소시킨다. 종합적인 사고를 하는 인간에서 부분적 목표를 추구하는 보조적 존재로 바뀌는 것이다. 이로써 우리는 더 이상 자신의 가능성이 아니라 타인의 기대에 부응할 뿐이다. 그 결과는 엄청나다. 우리는 마음속으로 자신을 해고한다. 더 이상 자신의 삶을 살지 못한다. '보상을 내리는 자'를 위해 살게 된다. '움직여지고', '행해진다.' 아니, '작동된다'고 하는 것이 더 맞겠다. 더 정확히 표현하면, 자신을 작동되게 만드는 것이다.

보상이 약속되면 주어진 과제를 자신과 보상 사이에 있는 그 무엇으로 여기게 된다. 필요악이나 장애물 같은 것으로 말이다. 그것은 가능한 한 빨리 극복해야 할 대상이 된다. 그래서 그것을 해결하려고 당장 가장 필요한 조치를 하는 것이다. 단순한 일을 선호하고, 복잡하고 어려운 업무는 옆으로 제쳐둔다. 장기적이고, 질적으로 까다로운 문제는 회피한다. 당연히 위험을 무릅쓰는 일은 할 수 없다. 지금까지 해오던 것과 다른 방식으로 접근해본다? 새로운 시도를 해본다? 지겹도록 다녔던 길을 벗어나본다? 그건 너무 위험하다! 보상이 커질수록 우리는 그만큼 더 안전을 추구하게 된다.

보상을 손에 넣기 위해 결과를 조작하고, 공공연히 부도덕하거나 불법적이기까지 한 수단에 손을 내미는 것도 서슴지 않는다. 다수의 연구에서 드러났듯이, 보상 지향성이 강한 피험자는 '목적이 수단을 정당화한다'는 원칙에 따라 행동하기 시작한다. 높은 도덕적 기준에 대해서는 별로 신경 쓰지 않는다. 보상을 얻기 위해 부분적으로 범죄적인 에너지가 방출되기도 한다.

더 나아가, 또 다른 좋지 않은 결과도 나타난다. 실패를 부정적인 개념으로 단정하는 것이다. 사람이 보상에 활성화되면 성공을 가능한 한 빨리, 그리고 자주 원하게 된다. 이 과정에서 생기는 부정적인 요소는 그저 방해가 될 뿐이다. 그런 것들은 감춰버리거나 모른 척하고 넘어가게 된다. 실패가 오히려 학습 기회라는 것, 모든 창의적 발전의 필수 전제조건이라는 사실은 보상이 있는 환경에서는 인정되지 않는다.

"넘어져야 성장한다."

괴테의 이 유명한 말이 우리의 유치원, 교실, 그리고 일터에서는 환영받지 못한다. 실패는 가능한 한 피해야 한다는 인식이 우리 사회를 지배하고 있다.

"인간은 본래 게으르지 않나요?"

나는 단호하게 이 말을 거부한다. '본래'라고 불릴 만한 것은, 우리의 열정, 도전정신, 호기심, 실험정신, 그리고 새로운 일을 해냈을 때의 만족감 등이다. 모든 인간은 고도의 창의적 행위 역량을 갖고 있고 그것을 펼치려 한다. 내면에 존재하는 이러한 자연스러운 추동 인자에 힘이 빠져버리면 애쓰지 않아도 되는 욕구를 추구하게 된다. 보상체계가 바로 그런 예이다.

**탈진**

보상의 효과를 시간을 기준 축으로 살펴보면, '일은 오늘, 보상은 내일'이라는 구조로 요약할 수 있다. 따라서 보상은 대체로 사전에 통보되고, 적어도 가능성을 예상할 수 있는 상황에서 보상을 약속하게 된다. 예컨대 "내가 생각하는 이상적인 배우자의 조건을 받아들인다면 당신과 결혼하겠습니다"라는 식의 말을 할 수 있는 것이다. 많은 직장인은 승진을 약속해주면, 한 단계 승진한 자신의 (내일) 모습을 기대하며 그 대가로 (오늘) 눈 밖에 나지 않도록 행동하거나 수많은 달갑지 않은 일을 감수하는 남다른 수고를 한다. 그중 일부는 승진하리라는 기대 속에서 수년에 걸쳐 자기 착취를 행하기도 한다.

물론 적당한 자극만 있으면 한 삽 더 뜰 수도 있다. 그런데 이런 업무 부담이 지속되면 문제가 크게 나타난다. 보너스, 지위, 이익배당, 승진 같은 마약은 정상적 상황에서는 사용하지 않는, 일종의 비상용 예비전력마저도 끌어 쓰게 만든다. 예컨대 어떤 사람이 가족에게 적절한 생활수준을 확보해준답시고 가족과 함께 보낼 시간이 전혀 없을 정도로 일을 많이 한다면, 누군가가 일 년에 아홉 달씩 출장을 가야 한다면, 그 결과는 가정생활에 엄청난 스트레스 요소로 작용할 것이다. 하지만 외부의 동기부여는 바로 이 비상용 예비 역량을 목표로 한다. 고용 계약서에 규정된, 가정생활과 병행할 수 있는 일반적 수준 이상의 성과를 내도록 자극하는 것이다.

> 보상의 메커니즘은
> 처음에는 동기를 유발하는 정도이지만
> 나중에는 탈진할 때까지 성과를 요구한다.

모든 종류의 보상을 통한 동기부여는 더 나아가 새로운 종속관계를 만들어낸다. 늘 동일한 방향으로 사람을 몰아가며 자유로운 결정권을 빼앗아버린다. 그 결과 사람들은 거의 기계적으로 동기부여의 약물 방울에 의존하는 만성 환자가 되고 만다.

이런 방식의 동기부여는 우리의 유치원, 교실, 그리고 일터를 중독 환자들로 넘쳐나게 만든다. 괜히 '동기부여 주사'라고 말하는 게 아니다. '보상과 매수買收'를 바탕으로 한 교육 프로그램에서는 여러 욕구가 만들어진다. 그 욕구는 일시적으로 충족될 뿐, 결코 넉넉할 정도로 충족되지는 않는다. 이때 '보상'이라는 약물은 동기를 일으키기도 하지만 동시에 무력감도 유발한다. 그 약물에 중독된 나머지 약물 없이는 더 이상 살 수 없다고 생각하게 만드는 것이다.

약물을 일시적으로 차단해버리면 중독자는 금단증상을 겪고, 다시 약물을 얻기 위해 함부로 수단을 사용하게 된다. 그런데 어떤 이유로 인해 합법적 방법, 즉 성과 달성으로는 약물을 손에 넣을 수 없으면, 낙담하고 의욕을 잃고 헤매거나 부당한 방법으로 보상을 얻으려 한다. 예컨대 경쟁에서 반드시 일등을 하려고 아이들이 불공정한 짓을 하는 것도 그러한 사례이다. 이보다 좀 더 유해한 경우는, 무사고 보너스를 놓치지 않으려고 일하다 다친 직장 동료가 의료진에게 가는 것을 막는 행동이다.

새로운 혁신적 약물을 복용하면 금단증상은 신속히 사라진다. 하지만 완전히 없어지지는 않는다. 이미 언급하였듯이, 일정량을 계속 복용하면 약물의 작용이 점차 약해지므로, 약물 공급자와 소비자는 복용량을 늘리게 된다. 그래야 지금까지와 동일한 효과를 얻을 수 있다.

해롭지 않은 마약은 없다. 마약 소비는, 보상으로 인해 그렇게 길들여졌다고 해도, 결국 자기 파괴와 다르지 않다. 왜 그렇게 많은 사람이 기진맥진하고 탈진한 상태가 되었는가? 영어로 '번 아웃'이라고 하는 '기력 소진'은 무슨 일을, 얼마나 많이 또는 얼마나 오래 하는지와는 상관없다. 그것은 오로지 외부의 결정에 길들여진 결과이다. 자기가 통제되고, 조작되고, 무기력하고, 자유롭지 않다고 느끼기 때문에 나타나는 결과이다. 제도권 의료계에서조차도 자율적으로 살지 못하거나 자기 인생의 여러 상황을 스스로 충분히 통제하지 못한다고 불평하는 사람들에게서 심장마비 위험성이 가장 높다고 지적한다.

> 자기 인생을 스스로 통제하고 있다는 느낌은
> 육체적 · 정신적 건강의 가장 중요한 전제조건이다.

　실제로 여러 의학 연구에 의하면, 자유롭고, 독립적이며, 자신의 인생을 스스로 통제한다고 느끼는 사람이 확연히 병에 덜 걸린다고 한다.

　어떤 사람들은 자신을 구하기 위해 과격한 방법을 선택하기도 한다. 가던 길에서 '하차'하는 것이다. 쉬지 않고 달리는 바퀴 달린 기계를 떠나버리는 것이다. 그렇게 하면 주변 사람들의 시샘 어린 눈길이 뒤따르는 경우가 적지 않다. 그들은 이미 나 있는 길을 버리고 자신만의 길을 간다. 그리고 자기 인생을 다시 손아귀에 틀어쥔다.

　만약 보상을 통한 동기부여가 자기 책임이라는 과중한 요구를 회피하여 스스로 불러들인 것이라면, 이 길을 다시 되돌릴 수도 있다. 장기적으로 볼 때 외부의 자극을 기다리지 않고 자기가 하는 일을 하는 사람만이 성공할 수 있다. 그들에게는 자기가 한 일의 결과가 중요할 뿐 그것에 뒤따를 수도 있을 보상은 중요하지 않다. 이들은 뭔가를 해도 그것이 '자기의 일'이기 때문에 하는 사람들이다. 그러나 그 일에 장애로 작용하는 것이 있으니, 유치원에서, 교실에서 그리고 일터에서 찍어주는 '참 잘했어요'라는 도장이다. 아주 고약하

게도 바로 이 도장이 우리 인생을 방해한다. 결국 '칭찬'이 문제라는
것이다.

# 칭찬은 사이렌이 부르는 죽음의 노래

## 칭찬이 사람 잡는다

뭔가를 해냈을 때 다른 사람이 그걸 보고 좋다고 말해주면 다들 기뻐한다. 인정받았다는 느낌이 들어 계속 그렇게 해야겠다는 의욕과 용기가 생긴다. 반대로 아무 말도 해주지 않으면 왠지 서운한 기분이 든다. 교육에서는 예부터 칭찬이 불가결의 요소였다.

**사이렌**
그리스 로마 신화에서 아름다운 노래로 뱃사람들을 유혹하여 죽음에 이르게 했다는 바다 요정. 그리스어로 세이렌이라 한다. 호메로스의 《오디세이아》에서는 귀향하는 오디세이아를 유혹한다.

"오늘 당신의 자녀를 칭찬하셨나요?"

칭찬은 어른 사이에서도 '인간적인' 교제의 방식으로 간주된다. 독일 라인란트 출신으로 오랫동안 헹켈 그룹의 회장을 지낸 콘라트 헹켈은 "월계수는 머리에 쓸 게 아니라 쇠고기 요리에 들어가야 한다"라고 하였다. 그러나 늘 남보다 돋보이고 싶어 하는 사람들에게 이 말은 공허한 울림이 되고 있다.

인정한다. 많은 사람이 남들의 주목을 받지 못하면 고통스러워한다. 그런데 칭찬이 부족할 때도 그럴까? 아마도 그렇지 않다고 보는 것이 타당하리라. 칭찬은, 매우 모순적이며 음흉한 행위이지만, 그 파괴적 작용이 단박에 드러나지는 않기 때문이다.

장기적으로 보면, 칭찬은 유용하기보다는 오히려 우리의 자존감에 손상을 가한다. 칭찬은 곧 평가이기 때문이다. 그 내용이 긍정적이라 하더라도, 평가는 '위에서' 내리는 것이다.

또 칭찬은 자신을 과대평가하게 만들거나 잘못된 겸손으로 이끌고, 때때로 무기력하게 만들기도 한다. 칭찬이 없으면 사람들은 추진력을 잃어버린다. 칭찬은 무엇이 좋고 옳은지를 남이 대신 결정해 주는 행위이기 때문이다.

이제부터 이에 대한 논거들을 살펴볼 것이다.

## 성과에 따른 칭찬

칭찬에는 늘 성과 또는 행태와 관련한 평가 과정이 선행한다. 평가 과정은 그 일을 한 사람 자체가 아니라 그가 행한 일과 관계가 있다. 그래서 '성과가 있으면 칭찬한다'는 일종의 교환적 성격이 뚜렷하다.

많은 부모, 교사 그리고 사업주들이 필요할 때 꺼내 쓰려고 칭찬을 통조림처럼 보관하고 있다가, 누군가가 '기대 이상의 것'을 하면 그 대가로 칭찬을 보상의 일부로 준다. 물론 보너스도 함께.

칭찬의 본질적 특징은, 그 평가가 언제나 독점되어 있다는 사실이다. 무엇이 좋고 타당한지를 말해도 되는 사람이 있고, 그러한 평가를 받는 사람이 정해져 있다는 말이다. 따라서 칭찬은 평가 관계와 계급 구조로 이루어져 있고, 그것들이 유지되도록 보장하는 역할을 한다.

칭찬은 위에서 아래로 향하는 행위이다. 칭찬은 자애로운 부모에게서 순순히 받아들이는 아이에게로 향한다. 그러므로 칭찬은 '위'와 '아래'를 규정한다. 말하자면, 주종관계를 설정한다는 것이다.

이러한 권력관계의 차이는 몸짓 언어로도 표현된다. 어깨를 두드려주는 동작이 대표적이다. 그 동작은 수고나 능력에 대한 '인정'을 의미하고, 위에서 아래로 향한다. 즉, 권력을 상징한다. 당신이 상사의 어깨를 '인정한다는 듯' 툭툭 두드려줄 수 있는가? 윗사람을 칭찬하는 것은 은근히 신경을 건드려 불쾌감을 주거나 상사를 우습게 보는 건방진 태도로 받아들여질 수 있다. 이를테면, 인턴사원에게 칭찬을 받은 사장은 언짢아하며 이렇게 말할 수 있다.

"어떻게 저 녀석이 감히 내가 하는 일을 평가할 수가 있지?"

칭찬은 칭찬하는 사람을 간접적으로 윗사람으로 만들어주기도 하지만, 어떤 사람은 자신을 띄우는 데 칭찬을 적극적으로 활용하기도 한다.

긍정적 평가에서 주목해야 할 것은 평가가 긍정적이라는 점이 아니라 그것이 평가라는 사실 자체이다. 평가를 내림으로써 평가자 자신의 등급이 상승하게 되고, 남들과 구분되는 것이다. '평가하다'라는 뜻의 독일어 단어 'urteilen우르타일렌'에는 '나누다teilen'라는 형태가 포함되어 있다. 그러므로 칭찬은 절대로 애정 어린 몸짓이 아니다. 오히려 그 반대이다. 사랑은 남을 바꾸려 하지 않는 것, 깊이 관계를 맺는 것인 반면, 긍정적 평가인 칭찬을 통해서는 분리가 일어난다.

**칭찬이 늘어나면 사랑이 줄어든다.**

따라서 칭찬의 조건과 본질은 관계의 비대등성이다. 그것은 '부모-자식' 같은 관계를 형성하며 결과적으로 한 무리의 자립성 없고 칭찬에 목매는 아이들을 만들어낸다. 이들은 단기적으로는 의욕이 넘치고 인정받지만, 장기적으로 보면 무책임하고 조건에 순응한다.


### 칭찬에 의한 조작

내 친구가 언젠가 이런 이야기를 해주었다.

"내가 아내에게 '그 옷 당신한테 아주 잘 어울리는데!'라고 하면, 아내는 늘 '어이구, 저 수전노 영감탱이!'라고 응수해."

남편이 저녁 식사를 하면서 "오늘 저녁은 유달리 맛있네!"라고 말하면 아내는 어떤 기분이 들까? 또 회사 사장이 다가와서는 "몇 달째 눈여겨보고 있네만, 자네 업무 처리 능력은 참으로 탁월해. 회사에서 내가 믿을 사람은 자네밖에 없네. 바쁘겠지만, 이 시급한 프로젝트에도 꼭 신경을 써주게!"라고 말하면 당신은 어떤 반응을 보일 것인가?

칭찬 뒤에는 언제나 어떤 의도가 숨어 있다. 누군가 당신을 칭찬한다면, 당신에게 원하는 게 있다는 뜻이다! 그렇지 않다면 그가 왜 당신을 칭찬하겠는가? 칭찬하는 사람은 자신에게 필요한 것을 남이 대신 해주기를 원한다. 칭찬은 늘 조작적이다. 칭찬이 다음 말처럼 의도적으로 사용되는 경우도 많다.

"일단 충분히 쓰다듬어 준 다음 고양이를 자루에서 풀어주어라."

칭찬은 오래전부터 조작의 한 방법으로 사용되어왔고, '칭찬과 꾸짖음'은 늘 함께 붙어 다녔다. 그렇다. 칭찬은 꾸짖음의 효과를 더 높여준다. 이는 독일 연방군의 군무 지침서에서도 확인할 수 있다.

"칭찬하는 상관만이 효과적으로 질책할 수 있다."

의도적으로 적임자라고 칭찬하면서 외지로 좌천시켜버리는 경우, 칭찬이 갖는 조작성이 분명히 드러난다.

이런 일은 커플 사이에서도 일어난다. "그 푸른색 옷을 입으니 너무 예쁘다!"라거나 "당신이 내게 꽃을 사주면, 늘 당신이 내 생각을 했다는 것을 알게 돼"라는 칭찬은 어떤 의도를 담고 있다. 이런 일들이 오래 반복되면서 한때는 좀 남달랐던, 그래서 긴장감도 불러일으키고 매력도 있었던 파트너가 칭찬과 (부드러운) 질책을 통해 마침내 당신이 원하는 틀에 맞춰진 사람으로 변해가는 것이다.


## 자유에 대한 일격

팀에 자주 자리를 비우는 불성실한 여직원이 있어서 당신이 그 일을 대신 처리해야 하는 상황이 여러 번 있었다. 그런데 그녀는 당신이 참 부지런하다며 공개적으로 칭찬을 하고 다닌다. 멍청하고 쥐뿔도 모르면서 말 많은 젊은 회원이 동호회 대표로 뽑혔는데, 그가 연차총회에서 당신을 칭찬한다. 다년간 동호회 내 청소년 후견 봉사활동을 해주었다고 말이다. 늘 입에 발린 소리만 하는 사장이 오래

전에 올려주었어야 할 월급은 올려주지는 않고 칭찬만 걸쭉하게 늘어놓는다.

당신은 이처럼 칭찬을 거부하고 싶은 상황을 알고 있을 것이다. 칭찬하는 사람이 칭찬할 만한 능력을 갖추었다고 인정할 수가 없거나, 그에게 이용당한다고 느끼는 경우이다.

경영자 세미나에서는 이런 수법을 알려주기도 한다.

"임금을 올려줄 수 없으면 칭찬이라도 듬뿍 해주어야 합니다. 그러면 대다수 직원은 다시 몇 달은 참고 넘어갑니다."

아마 당신은 이런 '보상성 칭찬'의 정체를 손쉽게 알아차리지만 그것을 거부하기에는 용기가 부족할 것이다. 이는 어릴 때부터 배워온 다음과 같은 지침 때문이다.

"원하지 않는 칭찬이라도 절대 거부하지 말라. 선한 의도로 칭찬한 사람을 함부로 대해서는 안 된다."

하지만 상대가 진짜로 의도한 것은 바로 이것일 수 있다.

### 칭찬은 행위의 자유를 제한한다.

당신이 칭찬 때문에 옴짝달싹 못 하게 된다 해도 그것은 일단 정당하다. 누가 칭찬으로부터 자신을 방어할 수 있겠는가 말이다. 정신분석학자 지그문트 프로이트는 "비판에 대해서는 방어할 수 있지만 칭찬에 대해서는 무기력할 수밖에 없다"라고 하였다. 칭찬으로 자유가 힘을 잃는 것이다. 칭찬은 강력하고도 음험한 도구이다. 순진무구한 모습을 하고 있기에 더 강력하다. 외견상 선의로 보이는 것에 반대나 저항하기는 쉽지 않다. 그런데 그 고귀한 겉모습으로 인해 모든 비판에 재갈이 물리는 것이다. 그때 누군가가 자기에게 유리한 것을 당신이 행하게 만든다. 그는 당신을 통제하고, 권력을 행사하려 한다. 또 가능하다면 고마움까지도 요구한다.

## 칭찬은 창피한 일

주로 조작적으로 사용하는 칭찬에 대해 사람들은 소극적으로나마 거부하는 반응을 보임으로써 의미 있게 대응한다.

"뭘, 당연한 걸 두고 그러세요."

"아니에요. 그게 제가 할 일인걸요."

이렇게 말하면서 칭찬받는 일을 창피하게 여기고 거부한다. 그들은 칭찬의 조작적 성격을 예감하기 때문에 방어적 태도를 보이는 것이다.

그러나 대다수 사람은 자신의 비위를 맞추어주거나 칭찬을 해주면 좋아한다. 그래서 처음 세 번 정도는 칭찬받으면 실제로 열정적으로 달려들어 그 칭찬에 부응하려고 애쓴다. 내면에서 나오는 엄청난 에너지를 느끼면서 믿을 수 없을 정도의 일들을 해내는 것이다. 그러나 네 번째쯤에는 주저하고, 다섯 번째가 되면 아마도 조용히 거절의 뜻을 표할 것이다. 상대의 의도를 알아채고 기분이 상한 것이다.

게다가 대놓고 하는 노골적인 칭찬은 미래에 대한 요구까지도 표현하며, "계속 그렇게 해"라는 말이 덧붙는 경우가 적지 않다. 특히 부모, 교사, 그리고 사장의 기대는 우리를 움츠러들게 한다. 그들은 우리가 박차를 가하도록 의도적으로 우리를 칭찬한다. 우리는 그들의 기대에 부응할 수 있을까 걱정하며 자신에게 스스로 압박을 가한다. 하지만 곧 그런 요구를 감당할 수 없으리라는 두려움을 갖게 되고, 높은 기대 수준에 질려 점점 경직되어 숨어버린다. 결국 상대가 원하던 효과도 끝장난다.

사람들은 칭찬받기를 부끄러워한다. 자신이 누군가에 의해 조종되는 존재처럼 느껴지기 때문이다. 수치심은 자신이 홀로 설 만큼 성숙하지 못한, 고통스럽게 느껴지는 불평등의 감정이기 때문이다. 실제로 칭찬은 사람을 창피스럽게 만든다.


### 차갑고 깔끄러운 포대기

그런데도 우리는 왜 그렇게 칭찬에 약한가? 왜 그렇게 많은 이들이 틈만 보이면 칭찬에 환호하는가? 왜 그렇게 많은 사람이 돈도 없으면서 필요하지도 않은 물건을 자기가 좋아하지도 않는 사람들에게 뽐내기 위해 산단 말인가? 왜 그리도 많은 사람이 이기利己의 의족義足을 달고는 "이것 좀 봐. 나 멋지지 않아?"라고 외치는 것일까?

그 대답은 우리의 아주 어린 시절에서 찾을 수 있을 것 같다. 우리는 보통 무조건적인 사랑을 받는 분위기 속에서 세상에 태어난다. 특히 제일 중요한 인물인 어머니는 조건 없는 애정으로 우리를 감싸 안아준다. 우리가 원하는 모든 것이 그분께 있다. 우리의 욕구는 완전히 충족된다. 먹고 마시는 것, 사랑, 온기 그리고 영혼을 위한 애정까지도 말이다. 이런 돌봄은 조건과 결부되어 있지 않다. 그것은 요구하지 않아도 당연히 주어진다. 우리는 존재하는 것 말고는 그것에 대해 어떤 반대급부를 이행할 필요가 없다. 또 우리의 근원적 신뢰는 무한하다.

그런데 어느 날 상황이 변하기 시작한다. 부모는 이제 때가 되었다고 생각한다. 사람들이 보통 '교육'이라고 부르는 과정을 시작할 때가 되었다는 것이다. 이 과정은, 일정한 '보호기간'이 지난 다음 아이들이 부모의 마음에 들지 않는 뭔가를 하는 경우에 시작된다. 부모는 자신이 받은 교육을 바탕으로 아이가 어떻게 행동해야 하는지에 대한 나름의 생각을 갖고 있다. 즉, 부모가 아이의 구체적이고 자연스러운 태도를 '이상적 가치'와 비교한다는 뜻이다. 아이가 그 가치에서 벗어났음을 알아차리면, 부모는 우리가 잘 알고 있는 바로 그 질문을 제기한다.

"아이가 올바른 행동을 하게 하려면 어떻게 해야 할까?"

부모가 단순히 자신의 기준을 강요하기 위해 그렇게 하는 경우는 거의 없다. 대다수의 부모는 아이를 위해서 최선을 다하려 한다. 아이가 사회생활을 할 수 있게 양육해야 하는 과제를 안고 있기 때문이다.

위의 질문에 대한 답은 '적절히 칭찬하고 적절히 벌을 주라'는 것이다. 수많은 교육학 책에 그렇게 씌어 있다. 이제 부모는 '이것을 하면 저것을 주마'라는 원칙으로 아이를 길들이기를 시작한다. 그 결과 아이의 욕구 충족은 특정 조건과 결부된다. 아이가 착하고 얌전하게 굴면 보상으로 과자나 자그마한 선물, 미소를 받게 된다. 반대로 고분고분하지 않으면 애정 박탈의 반응이 돌아온다. 화난 표정, 큰 목소리, 거친 손길, 엉덩이를 철썩 때리는 행동이 나타난다.

아이는 어째서 자신의 자연스러운 행위가 갑자기 비정상적인 것이 되어서 지금까지 체험한 긍정적인 반응을 얻지 못하는지를 이해하지 못한다. 이제 근원적 신뢰는 산산조각이 난다.

하지만 아이는 '만약-그렇다면'이라는 기제가 어떻게 작동하는지를 금세 익힌다. 아이는 사랑과 따뜻함이 더 이상 당연히 주어지는 것이 아니라, 자기의 행위를 바꾸는 방식으로 '지불'하고 '구입'해야 하는 것임을 감지한다. 이제 아이는 점점 더 조건적 사랑을 경험한다. 사랑을 얻기 위해서는 전제조건을 충족시켜야만 하는 것이다. 이때 칭찬받는 데 너무 매달리게 되면, 자신의 특성 중에서 남들의 인정을 받지 못하는 것은 모두 지워버리고 칭찬받을 만한 것만 남기는 데까지 이르게 된다.

성인이 되어서도 마찬가지이다. 우리는 그리움 속에서 어린 시절을 떠올리며 그때 경험했던 완전한 욕구 충족의 상태로 돌아가기를 원한다. 조건 없는 사랑을 원한다. 그러나 이제 조건을 충족해야만 사랑받을 수 있다. 우리는 조건 없이 받아들여지기를 원하지만, 상대는 자신의 생각에 맞게 행동할 때만 우리를 받아들이려 한다. 그는 우리가 자신의 요구를 따르면 인정하고 우호적으로 대해준다. 그렇게만 하면 아무 문제가 없는 듯 보인다.

그런데 우리는 충분히 행복하지 않다. 어린 시절의 무조건적 사랑, 그 부드러운 포대기를 그리워하는데, 인정과 칭찬이라는 차갑고 깔끄러운 조각보 포대기만 주어지기 때문이다. 그것은 정신적 죽음은 막아주지만 너무나도 차갑다. 우리는 칭찬을 받으면 기분이 좋아진다고 믿지만 그것은 그렇게 알려진 것일 뿐이다.

나중에 직장생활을 하면서는 일의 자체의 가치가 권위의 행사 앞에서 사라지는 것을 경험하게 된다. 로마의 철학자 세네카는 이를 탁월하게 표현하였다.

"많은 것들이 바람직하다고 하여 칭송받는 것이 아니라, 사람들이 칭송하기 때문에 바람직한 것이 된다."

이 때문에 많은 직장에서 '사장님을 기쁘게 하기' 공연이 펼쳐진다. 사장의 칭찬을 받기 위해 온갖 종류의 연주가 벌어진다. 이제 일 자체는 더 이상 중요하지 않다. 관건은 그것이 사장의 마음에 드느냐, 그렇지 않느냐이다.


## 칭찬은 행위 자체의 재미를 방해한다

> 칭찬은 가짜 돈과 같아서
> 그 돈을 받는 사람을 더 가난하게 만든다.

페터는 중소 컴퓨터 업체의 직원이다. 그는 직업교육을 훌륭하게 이수한 덕에 자기 분야에서 나름대로 전문성을 갖추었다. 직장에서는 비교적 좋은 대우를 받으며 자신의 능력도 뽐내며 즐겁게 일하고 있다. 그런데도 그는 계속해서 '위'를 향해 곁눈질한다.

'사장도 내가 성공적으로 살아가고 있음을 알고 있을까?'

프로젝트를 진행할 때마다 페터는 자신이 그 일로 사장에게 플러스 점수를 얻을 수 있을지를 궁금해한다. 사장의 눈에 띄는 것이 프로젝트나 일의 결과보다 더 중요하다. 이따금 그는 사장을 찾아가서 '쇼'를 해 보이기도 한다. 사장에게 자신이 하는 일에 대해 보고하면서 머리라도 한번 쓰다듬어주기를 기대하는 것이다. 어느 날 사장이 더 이상 견딜 수 없다는 듯 이렇게 물었다.

"자네, 도대체 누구를 위해 여기서 일하나?"

"아, 그야 물론 사장님이죠!"

지금 페터는 어떤 상황인 걸까? 칭찬에 중독되면 우리는 원하는 것을 얻을 때까지 계속 애를 쓰게 된다. 칭찬이라는 차단막에 이를 때까지 전력질주한다. 그렇게 함으로써 남들의 칭찬, 그러니까 그들의 평가기준을 자신의 성과 척도로 삼는 것이다.

그렇게 해서 만족을 얻을 수 있을까? 사장을 위해 일한다는 페터의 생각을 인정해주어도 되는 걸까?

지금까지 이런 방식으로 독특한 것이 탄생한 적은 단연코 없었다. 칭찬은 탁월한 성취를 방해한다! 완전히 일에 빠져 있는 사람, 다른 사람의 칭찬을 곁눈질하지 않고 오로지 자신의 과업에 몰두하는 사람만이 '탁월한'이라는 수식어를 당당하게 지닐 수 있다. 그런 사람은 상대의 동의나 거부를 초월하여 열정과 과단성을 갖고 활동하며 칭찬에 구애받지 않는다. 이들은 자신이 잘난 것을 보여주려고 현란한 곡예를 하는 것이 아니라 스스로 결정하여 자신의 길을 간다. 또 "나는 사장을 위해 일한다"라고 말하는 게 아니라 "나 자신을 위해 일한다"라고 말한다.

자신이 얼마나 성숙하였는지와는 상관없이, 솔직하게 자기 내면을 들여다보면, 많은 사람이 자신을 돌봐주고 배려해주는 보호자로서의 어머니 또는 아버지 같은 존재에 대한 갈망을 지니고 있음을 발견하게 된다. 우리는 어린 시절 이래로 남을 통해서 힘을 얻고 싶다는 채워지지 않은 욕구를 가지고 있다. 겉으로는 성숙한 존재처럼 행동하지만 자기 중력의 중심이 다른 어느 곳도 아닌, 바로 자기 내면에 있다는 사실을 받아들이지 못하는 것이다. 우리는 은연중에 자신이 갖고 있지 않다고 믿는 것, 즉 진정한 의미에서의 자신감을 세상이 제공해주기를 기대한다. 하지만 칭찬은 사람을 무력한 존재로 만들 뿐이다.

만약 이런 감정이 우리의 삶을 지배하고, 우리 존재의 가치를 결정하고, 모든 행위를 추동하는 결정적인 요인이 된다고 하자. 그러면 우리는 의존적인 존재가 되고, 그 결과 쉽게 균형을 상실한다. 또 남의 칭찬에 의존해 있는 사람은 '칭찬을 받지 못하면 어쩌나' 하는 두려움에 사로잡혀 살게 된다. 그는 늘 잃기만 한다. 칭찬을 받지 못하면 자존감을 잃게 되고, 칭찬을 받으면 자신의 독립성을 상실하는 것이다. 칭찬에서 얻는 안정감은 유아적인 안정감이다.

칭찬에 매달리게 되면 자신의 평가 기준이 중요한 게 아니라 외부의 기준이 더 중요해진다. 그러면 남이 말하는 것이 당신의 삶을 규정하게 된다. 다른 사람을 당신의 인생이라는 자동차의 운전석에 앉히는 것이다. 그가 당신의 인생을 운전하는 동안 당신은 뒷자리에 앉아 차가 굽은 길을 지날 때마다 이리저리 흔들리게 되는 것이다.

> 주변의 환호에 대한 욕구 속에서 살면
> 나이를 먹어도 결코 성숙해지지 못한다.

우리는 모두 남의 눈에 띄어 인정받기를 갈망한다. 그렇다. 사람들은 자신이 어떤 역할을 할 때 타인이 관심을 보이지 않으면 고통을 느낀다. 주위 사람들의 호의적인 애정보다 더 푸근한 것이 있을까? 그들이 관심을 갖고 공감해주는 것보다 더 기쁜 것이 있을까? 남이 주목해주는 것보다 더 강력하게 우리를 꼼짝하지 못하게 하는 것이 있을까?

그렇다. 우리에게 필요한 것은 칭찬이 아니라 '주목'이다. 칭찬이 아니라 '우호적 관계'이다. 사람들에게 "당신이 정말 조건 없이 사랑받는다고 느끼는 순간은 언제인가?"라고 물어보면 한 가지 분명해지는 것이 있다. 그들이 지금 접촉의 결여를 느끼고 있다는 것이다. 따뜻하고 진심 어린 교감을 나누지 못하고 있다는 것이다. 그들이 그리워하는 것은 누군가 자신에게 관심을 갖고 눈여겨봐 주는 것, 상대방이 진정으로 관심을 가져주는 것이다.['관심'을 뜻하는 독일어 단어 Interesse는 라틴어로 'inter(사이) esse(있음)', 즉 '그 사이에 있음'이라는 뜻이다]. 그들이 갈구하는 것은 성과를 내는 존재로서뿐만 아니라 인간 자체로서 자신을 남들이 알아주는 것이다.

그러므로 우리에게 필요한 것은 칭찬이 아니라, 다른 사람의 성공에 함께 기뻐하고 축하하는 것(대가를 얻기 위한 축하가 아니다), 아량 있고 우호적인 존중, 적극적인 이웃 사랑이다.

# 롤모델이라는 함정

## 살아 있는 짝퉁

우리를 인생이라는 자동차의 운전석에서 뒷좌석으로 몰아내는 속임수가 또 하나 있다. '롤모델'이라는 쓸데없는 말이다. 우리 사회는 한편으로는 자립성, 자기 책임, 기업가 정신을 요구하면서, 다른 한편으로는 롤모델이 필요하다고 주장한다. 종종 덕성이나 윤리규범, 여러 가치의 측면에서 롤모델이 될 만한 존재를 공공연히 요구하기도 한다. 특히 사회적 타락과 경제적 위기에 직면하면 그런 롤모델이 동원된다. 그런데 그게 맞는가?

그것이 어떤 분야이든, 이상적인 롤모델의 영향을 받는 문화에서는 롤모델이 되는 사람과 그것을 따라야 하는 사람이 구분된다. 롤모델이라는 말을 함으로써 사회의 일부(대다수!)는 결과적으로 롤모델을 따라야 하는 존재로 격하되는 것이다.

심리학적으로 보면 롤모델은 자애로운 부모 역할에서 비롯된다 (내 주변을 보면 자신이 전혀 닮고 싶지 않았던 사람의 모습, 바로 자기 부모의 판박이가 되어 있는 이들이 적지 않다). 롤모델이 필요하다는 생각도 결국은 교육, 즉 미성숙한 아동을 교육한다는 맥락에서 시작되는 것이다. 베스트셀러가 된 한 경영 지침서에 이런 구절이 나온다.

"훌륭한 사장은 자기 직원들에게 사사건건 큰소리로 야단치는 법이 없다. 그는 모범을 보임으로써 가르친다."

여기에는 '미성숙한 아이는 가르쳐야 한다'는 교육적 사고가 내포해 있다. 아이는 남이 정해 놓은 가치에 따라, 남이 설정한 기준에 따라 행동하는 법을 배워야 한다는 것이다. '부모-자식' 관계에서 이루어진 '따라 배우기'가 직장으로까지 연장된 셈이다.

복수명사인 '사람들'이라는 표현을 규범적 의미의 '사람들'로 사용할 때도, 이러한 심리학적 기제가 작용한다. "사람들이 어떻게 그럴 수가 있지?"라는 식으로 말함으로써 일반적인 것이 규범적인 것이 된다. 이런 말을 하는 사람들은 자신의 이해관계를 슬쩍 감추고 보편타당한 규칙이라는 탈을 씌워 그것을 롤모델이라고, 의무적인 것이라고 일컫는다. 무슨 권리로 그렇게 한단 말인가?

수많은 사람이 나이로는 어른이지만, 아직 남 따라 하기의 단계를 넘어설 만큼 성숙하지 못하다. 롤모델이 있으니 굳이 스스로 무엇을 해야 할지 애써 찾아낼 필요가 없는 것이다. 장단점을 고려하거나 내용, 목표 또는 확신을 정당화하는 일도 필요하지 않다. 다만 모방하라는 권고만 있을 뿐이다.

"슈미트 씨, 이 회사에서 일하려면 당신 아버지처럼 하시면 됩니다."

"자네가 독신의 삶을 청산하려면, 일단 이탈리아 디자이너가 만든 옷을 한 벌 사게나!"

"기업 컨설턴트로 기회를 잡으려면 직접 전화를 받아서는 안 되네. 비서가 한 사람 있어야겠지!"

"이 세미나에 참석해 봐. 거기 가면 직장에서 성공하는 데 필요한 모든 것을 배울 수 있어."

남들도 하는 일을 하면 적어도 길을 잘못 들었다는 느낌은 들지 않는다. 남들이 보여주는 것을 하면 안전하기는 하다. 이것 역시 아이들의 안전과 같은 맥락이다. 그래서 수많은 미숙한 상태의 인간들이 그저 제자리에 머물러 있는 것이다.

만약 롤모델이 되는 인물이 제공해준 규칙을 인정한다면, 이는 자신을 어린애처럼 대해도 된다고 허락하는 것이다. 또 스스로 누군가를 모범으로 떠받든다면 이는 자신을 아직 다 자라지 못한 존재로 여기고, 자신의 성숙성을 포기하는 것이다. 모범적 존재를 강조하는 것은 자신이 미숙하다는 낙인이다.


## 제2의 승리자

"우리 에너지는 어디에서 오는가?"

이 질문의 뿌리를 파헤치기 위해 '롤모델-행위'의 문제를 좀 더 집중적으로 논의해보자. 롤모델은 본질적으로는 그것을 따르는 이가 더 약하다는 사실에 기반한다. 롤모델은 자신이 모범적이라는 것만으로 부족하다. 다른 사람이 자신의 부족함을 그의 발아래에 갖다 바쳐야만 한다. 그래야 그의 모범성이 눈에 띈다. 남들이 몸을 웅크려준 덕에 비로소 그가 그렇게 커 보이는 것이다.

스위스의 소설가이자 서정 시인인 로베르트 발저는 이렇게 썼다.

"위대한 사람은 스스로가 아니라 다른 사람들에 의해서, 그를 위대한 사람이라고 말해주고 기꺼이 환호해주는 수많은 사람에 의해서 위대해진다. 그의 탁월한 명예와 존엄성은 수많은 사람이 존귀하지 않다는 데에서 생겨난다. 수많은 사람의 왜소함과 비겁함으로 한 사람의 위대함이 돋보이고, 수많은 사람이 권력을 포기함으로써 하나의 강력한 권력이 생겨난다. 순종하는 자 없이 명령하는 자 없고,

종 없는 주인은 존재하지 않는다."

롤모델을 바라보며 사는 사람은 언제나 제2의 승리자로 남을 뿐이다. 그들은 결국 자신의 가능성을 사용하지 않은 채 남겨두고 만다. 자기 자신의 길을 가는 게 아니라 이미 남들이 걸어간 길을 따라간다. 자신의 삶을 사는 게 아니라 남의 삶에서 파생된 삶을 산다. 그들의 개성('개인'을 뜻하는 라틴어 individuus는 '나눠지지 않은'이라는 뜻)은 모양뿐이다. 모범적인 것은 개인적인 것이 아니라 일반화될 수 있는 것이기 때문이다. 한 가지 원칙을 간결하게 구체화한 것이라는 말이다. 이로써 그들은 늘 자신의 가능성 뒤에 물러나 있게 된다. 정말 가치가 있는 것은 원본이지 복사본이 아니다.

> 늘 남의 발자국을 뒤따르는 이는
> 아무런 자취를 남기지 못하는 법이다.

모든 사람은 이 세상에 단 하나뿐인 유일한 존재이다. 어떤 사람에게 옳은 것이 나에게도 반드시 그런 것은 아니다. 유일하다는 것보다 더 가치 있는 것은 없다. 다른 사람과 혼동할 수 없는 독특한 매력을 가진 사람이 이성의 마음을 사로잡는다. 직장에서 성공하는 사람은 누구나 할 수 있는 일이 아니라 자신만 할 수 있는 일을 하는 사람이다.

이제 당신이 명심해야 할 것은 바로 이것이다. 남과 혼동되지 않는 유일한 존재가 되어라. 초일류로 해낼 수 있는 것만을 행하라. 그러면 당신의 재능은 태양처럼 빛나리라. 그저 2등급에 불과한 모든 일에서는 손을 떼라. 주류에서 벗어나라! 짝퉁 제품은 곳곳에 넘쳐난다. 성공은 그 성공을 추구하는 사람처럼 늘 하나뿐이다.

### "(힘든 일은) 형님 먼저!"

어릴 때, 나는 내 소망의 근거에 대해 종종 이렇게 말했다.

"다른 사람들도 다 그렇게 하니까요!"

그러면 아버지께서는 이렇게 답하셨다.

"다른 사람들이 다리 위에서 뛰어내리면 너도 그렇게 할 거냐?"

물론 아버지가 생각하기에 부정적인 것들에 대해서만 이런 답이 나왔고, 긍정적이다 싶은 일에 대해서는 정반대로 반응하셨다.

"봐라. 뮐러 아저씨네 아들이 얼마나 공부를 잘하는지 말이다."

그러나 어떤 것을 취할 때는 좋은 것과 나쁜 것을 동시에 가질 수밖에 없다. 긍정적인 롤모델에 의존한 사람은 부정적인 롤모델에도 종속될 수밖에 없다. 이런 태도가 공동체에서 어떤 영향을 미칠지는, 사회적 합의를 잘 지키지 않는 이들의 습관적 행동으로 유추해 볼 수 있다. 뇌물을 받은 사람이 "다들 그렇게 하잖아!"라고 변명하거나 과속한 사람이 "그가 제한속도를 지키지 않는다면 나도 그럴 필요가 없지"라고 핑계를 댄다면 사회가 어떻게 되겠는가?

그러나 근본적으로 모범을 본받으라는 요구의 핵심은 책임지지 않겠다는 것이다. 롤모델을 우러르는 사람은 절대로 책임질 일을 하지 않는다. 이들은 힘든 일이 생기면 양보하는 척 "형님 먼저"를 외친다. 긍정적인 것에서나 부정적인 것에서나 다른 사람이 정해주는 것, 남들이 먼저 한 행위에 의존한다.

"그것이 옳다고 생각해서가 아니라 그가 그렇게 했기 때문에 나도 하는 거야."

"다른 사람들이 안 하면 나도 그 일을 하지 않겠어."

이런 식이다. 보통 때는 그런 태도를 수치스러워하며 자신의 독자성을 중요하게 여기는 사람조차도 간혹 이렇게 말한다.

"정치가들이 먼저 모범을 보여야 한다니까!"

이들이 적극성을 보이는 때는 기다릴 때뿐이다. 결국 롤모델이 되는 사람은, 의도하지는 않았겠지만, 종속성을 만들고, 결단력의 부족을 만들고, 또 자기의 중심을 내면이 아닌 외부로 옮겨버린 사람들을 만들어내는 것이다.

"따라 하라!"

이 말은 다른 방법으로는 동기부여가 되지 않은 사람들을 '살아 있는 짝퉁'으로 격하해버린다. 당신도 그런 사람에 속하는가?

# 행복의 죽음

## 비교하는 행위

롤모델은 다른 사람들이 따라야 할 당위값을 규정한다. 이를 위해서는 비교하는 행위가 필수적이다. 지금의 나는 당연히 됐어야 할 그 어떤 존재가 아니다. 롤모델과 비교해보면 뭔가 결여되어 있다는 말이다. 롤모델의 존재를 인정한다는 것은 이처럼 비교하는 행위를 전제한다.

이 책에서 중요하게 다루는 것은 행복한 삶의 조건이므로 이렇게 생각할 것을 제안한다.

## 비교는 곧 행복의 죽음이다.

참으로 대담한 주장이다! 그런데 잠시 생각해볼 만한 가치가 있다. 현대 사회의 주요한 사회적 트렌드는 개인주의인데, 한편으로 많은 사람이 자신의 인생 계획을 다른 사람과 비교하면서 만들어가는 흥미로운 현상이 나타나고 있기 때문이다.

그런데 비교가 곧 행복의 죽음인가? 우선, 우리는 행복의 순간을 의식할 수 없다. 시간과 공간에 대한 인식이 사라진다. 자신은 완전히 상황 '속'에 들어가 있기 때문이다. 분석할 수 있을 만큼 거리를 유지할 수 없는 상태인 것이다. 그것이 온전한 '지금 이 순간'이다. 그리고 거기에는 일반적으로 언어가 들어설 자리가 없다.

언어가 들어설 수 없는 상태가 지나가면, 다시 말해 "행복하다"라고 말하게 되면, 사실상 더 이상 행복하지 않은 것이다. 그 상황에서 빠져나온 것이다. 이제 그 상황을 관찰하고 평가한다. 되돌아보는 것이다. 따라서 행복은 언제나 나중에야 비로소 말할 수 있다. 엄격히 따지면, 과거형으로 "나는 행복하였다"라고만 말할 수 있다. 이미 지나간 행복한 상황에 대한 평가는 필연적으로, 그보다 좀 덜 행복한 것으로 체험되는 현재와 비교하면서 일어난다. 비교하자마자 그 행복은 이미 과거가 되고 마는 것이다.

당신이 지금 기막히게 멋진 집을 짓고 그 기쁨을 만끽하고 있다고 상상해보라. 그런데 이웃한 곳에서 누군가가 더 크고, 예쁘고, 비싸고, 더 내세울 만한 집을 지었다. 이제 당신은 기분이 상한다. 그 집과 비교하여 차이를 평가하고 스스로 기분을 망쳐버리는 것이다. 이때 차이는 '다르다'는 의미가 아니라 '더 좋다'거나 '더 나쁘다'는 차원의 차이이다.

하지만 더 멋지거나 멋졌던 상황은 늘 존재한다. 더 많은 것을 할 수 있는 사람, 더 많은 것을 가진 사람은 언제나 눈에 띄는 법이다. 더 빨리 달리는 자동차, 더 많은 월급, 더 자자한 명성, 더 큰 능력, 더 눈부신 인기. 많이 가질수록 더 부족함을 느끼게 된다. 이것이 곧 행복의 죽음이다. 자신이 잘 지내고 있더라도 남들이 자기보다 더 잘 지내면 기분이 나빠지는 것이다.

이럴 때 사람들은 자주 고단수 속임수를 사용한다. 자신보다 더 약한 사람, 능력이 모자란 사람, 불행한 사람과 자신을 비교한다. 자신보다 더 열악한 상황에 처한 사람들을 찾아냄으로써 자신의 부족한 점을 상쇄하는 것이다. 또 이들은 아무리 행복한 사람들도 국 안에 머리카락이 든 것 같은 언짢은 문제는 갖고 있으리라고 여긴다. 부유한 주택가를 부러워하며 배회하는 이들은 다음과 같은 그럴듯한 자기 위안의 말을 내뱉는다.

"저 담장 속에 얼마나 많은 불행이 숨어 있는지 알 수 없지!"

독일의 대다수 범죄영화가 이런 수사修辭를 효과적으로 활용한다.

그러나 우리 내면의 깨어있는 의식을 속일 수는 없다. 자신이 오직 마음의 짐을 벗기 위해서, 비교에서 비롯된 압박을 피하기 위해서 그렇게 한다는 것을 우리는 알고 있다. 이름표에 집착해서 쓰레기에 '좋은 퇴비'라는 이름표를 붙인다고 해서 삶이 더 좋아지는 것은 아니다.

다시 한번 '비교'라는 단어를 관찰해보자. 비교한다는 것은 비교의 대상이 동일하다는 것을 전제한다. 그러나 이 세상에 같은 인간은 없다. 우리는 모두 단 하나뿐인 존재이다. 따라서 비교하는 것은 사실상 사과와 배를 비교하는 것처럼 비교할 수 없는 것끼리 비교하는 것과 같다. 고유한 개인으로 가득 찬 이 세상에서 비교하는 것 자체가 무의미하다. 그것은 존재의 유일성을 살해하는 행위이자, 행복의 죽음이다. 작은 동그라미도 큰 동그라미에 모자랄 것 하나 없는 하나의 원인 것이다.

비교하는 것은 무의미하다! 남이 더 많이 가졌다고 해서 자동적으로 내가 부족해지는 것은 아니다. 자신에게 무엇이 중요한지 아는 사람, 자신의 삶의 질을 남들과의 관계 속에서가 아니라 스스로 규정하는 사람, 이런 사람들과의 사귐이 우리를 자유롭게 해준다.

유일하게 의미 있는 비교는 자신과의 비교이다. 무엇을 (새로) 배웠는지, 자신이 요구한 바를 제대로 감당하였는지, 스스로 정한 기준을 충족했는지, 어제보다 오늘 더 나아졌는지, 원하던 목표를 달성했는지 비교하는 것이다. 자기 자신과 비교하는 것은 또 다른 실질적인 장점이 있다. '나'는 안정적이고 예측 가능하다는 점이다. 이제 다른 척도를 찾아 헤맬 필요가 없다. 비교 대상인 자기 자신은 언제나 그 자리에 있기 때문이다.

> 유일하게 의미 있는 비교는
> 자신과의 비교이다.

### 자기신뢰

롤모델을 이용한 통제방식은 성숙한 인간을 꼭두각시로 만들어 위축시킨다. 쉽게 영향받고 모든 통제적 손길에 순응하지만, 결코 스스로 책임을 떠맡는 법이 없는 꼭두각시 말이다. 그래서는 안 된다! 중요한 것은 롤모델이 아니라 신뢰성, 유일성, 진정성이다. 스스로 자기 안에서 롤모델을 개발해내야 한다.

모든 인간은 유일한 존재로서 자신의 유일성을 존중해달라고 요구할 자격이 있다. 진정한 인격체가 되기 위한 전제조건은, 롤모델의 인도를 받는 상태에서 벗어나 자기 행위에 대한 책임을 스스로 떠맡는 것이다. 북미 인디언 호피족의 장로인 토마스 바냐챠는 이렇게 말한다.

"날개를 펴기 전에는 그 누구도 그대가 어느 높이까지 솟아오를지 예측할 수 없다."

어떤 대가를 치르더라도 다른 사람의 마음에 들고 싶다는 생각은 그만두자. 이제 적어도 다른 사람의 평가에서는 벗어나자. 늘 남을 만족시킬 필요는 없다. 자기결정이라는 고유한 권리를 헐값에 넘겨서는 안 된다. 이따금 다른 사람의 기대에 어긋나는 일을 하고, 자신의 이미지에 전혀 어울리지 않은 일도 해보아야 한다. 그런 일들이 엄청난 해방감을 느끼게 해준다는 사실을 알게 될 것이다.

자신의 유일성을 희생물로 바치는 일을 해서는 안 된다. 유일성이야말로 행복한 삶의 근원이다. 자신의 삶에서 다른 사람과 혼동할 수 없는 고유한 것을 표현하고 성취한 사람이라면 그 존재 자체로 롤모델이 필요 없는 더 나은 상태로 진보한다. 독일 철학자 헤겔은 이렇게 말했다.

> 어떤 사람을 인정하고 존경하기 위해서는 그를 넘어서야 한다.

또, 미국의 철학자 랄프 왈도 에머슨은 이렇게 말했다.

모든 개개인을 교육하다 보면, 그 개인이 어떤 확신, 말하자면 질투는 무지요, 모방은 자살이며, 기쁨과 고통 속에서 자신을 곧 자기의 운명으로 받아들여야 한다는 것, 비록 온 우주가 좋은 것들로 가득 차 있지만 영양 가득한 곡식 알갱이 단 한 개도 자신에게 주어진 한 뙈기 땅에 농사라는 수고를 바치지 않고서는 절대 자신에게 올 수 없다는 것을 확신하게 되는 때가 온다. 자신에게 내재한 힘이란 새로운 것이며, 자신이 무엇을 할 수 있는지는 오직 자신만이 알고 있다. 또 자신도 직접 해보기 전까지는 그것을 알지 못한다.

## 외부 결정에 따라 살아가기

외부 결정의 제국에서 자유는 환상이다. 자신의 에너지를 외부에서 끌어오는 한, 이 제국의 기축 통화는 '적응'이다. 이곳에서는 인생을 '남'이 결정해준다. 그들은 사장이고, 배우자이고, 롤모델이고, 온갖 종류의 권위이다. 의무, 돈, 환경, 관계, 체계, 구조, 시장, 정치, 달[月]의 주기이다. 과거조차도 그중 하나이다.

외부 결정의 제국에는 희생자 의식이 만연해 있다. 결정권을 남에게 주어 자신을 이끌게 한다. 그는 우리를 칭찬으로 다독이고 질책으로 비판하며, 보상으로 아량을 보이거나 징벌을 내려 화를 표현하기도 한다. 우리는 결국 그에게 필요한 일을 해주고 값싼 보상을 받는다. 그들은 '내가 원하는 것은 오직 당신의 최선'이라고 떠들지만, 그 '최선'이 무엇인지는 그들이 결정한다. SF영화에서 독재자는 하나같이 '보호자'라는 호칭을 갖고 있다.

이런 보상체계는 우리의 행위만 변화시키는 게 아니다. 그것은 드러나지 않는 방식으로 우리의 본질까지 변화시킨다. 보상을 더 많이 받아들일수록 더 많은 보상을 원하게 된다. 우리는 보상을 받거나 징벌을 피하는 것에만 반응하게 된다. 심리적으로는 둘 다 같다.

우리는 보상받지 못하리라는 두려움 속에서 살며, 남이 정상이라고 말해줄 때만 좋은 기분을 느끼고, 직장 동료들과의 관계가 경직되는 것을 허용하고, 부러움과 시기에 휘둘리며, 호기심이나 위험을 무릅쓰는 과감함은 미약해지고, 천국과 설교 사이에서 초조해하며, 점점 더 비교라는 늪 속으로 빨려 들어가 롤모델이 되는 이를 자신의 주인으로 삼고, 일이 주는 재미를 보상 요구를 통해 파괴해버리며, 그 대가로 어깨를 토닥이며 격려해주기를 요구하는 것이다.

보상을 위해서라면 우리는 의미 없고 기쁨 없는 짓도 하며, 자신의 가치 척도를 남의 것으로 대체하기도 한다. 그러나 무엇보다도 우리는 자신의 인생에 대한 주도권을 상실해버린다. 남에게 자신의 인생을 운전하도록 맡기는 것이다.

> 에너지가 외부에서 오면
> 통제도 외부에서 온다.

이런 역학관계로 인해 우리는 외부 결정이라는 틀에 종속되게 된다. 이제 인생의 운전대를 다른 사람에게 맡기고 모든 권한을 넘겨주게 되는 것이다.

이런 상황에서 우리의 자존감은 복잡한 동기부여 게임의 논리를 감지한다. 보상과 칭찬은 자존감을 강화해주는 긍정적인 것처럼 보인다. 얼마나 멋진 분장인가! 더 칭찬을 쌓아 올려야 한다! 보상이 자존심을 세워준다! 보너스는 무조건 '좋은 것'이다!

자기 비하의 핵심은 더 깊은 곳에 있다. 스스로 자유를 포기하는 것, 외부 결정이라는 롤러코스터를 자발적으로 선택하여 거기에 종속되는 것에서 시작한다. 무언가에 종속된 사람은 쉽게 균형을 잃어버린다. 보상을 받기 위해 행위하는 (아니면 적어도 벌을 받지 않기 위해 행위하는) 사람은 자신의 기준이 아니라 타인의 칭찬과 비난에 의존하며, 그리하여 자신을 통제할 수 있는 권한을 남에게 주어버린다. 당근과 채찍에 그대로 노출되는 것이다.

'모든 것을 남에게서 받으려 하는 사람은 남이 모든 것을 다 빼앗아가더라도 놀라서는 안 된다.'

관중을 위해 자신의 행위를 무대에 올리는 이는 바로 그 관중의 엄지가 아래로 향할 수 있다는 사실도 고려해야 한다.

그러므로 먼저 실상을 직시해야 한다. 당장 해야 할 일은, 동기부여 체계에서 뛰어내리는 것이 아니라, 그 시스템을 꿰뚫어 보는 일이다. 그 시스템이 어떻게 작동하며 어떤 결과를 가져오는지를 이해하면 쉽게 그것을 다룰 수 있다.

나는 한 인간이 치를 수 있는 최고의 비용은 자존감의 상실이라고 확신한다. 그러나 어떤 강압적 환경도, 어떤 강력한 개인도 우리에게서 자존감을 빼앗을 수는 없다. 오직 자신만이 그것을 허용할 수 있다. 그런 일이 발생하면 책임은 자신에게 있다. 자신만이 그것을 자신에게서 빼앗을 수 있다.

자존감의 상실은 거대하고 극적인 희생의 몸짓이 아니라 수많은 소소한 자기 비하 행위를 통해서 일어난다. 동기부여 체계에 순응하다 보면 그런 자기 비하는 당연히 수반된다. 만약 "이랴, 이랴" 하는 자극과 박차 소리에, 고단수의 매수 시도에, 보상과 칭찬이라는 중독성 강한 마약류에 놀아나면 그렇게 된다는 것이다.

누군가를 조작하는 것이 도덕적으로 허용되는가? 이에 대해서는 논쟁을 벌일 수도 있으리라. 어떤 사람은 조작의 의도가 공공연히 드러나 있다면 도덕적으로 별로 우려할 필요가 없다고 말한다. 조작을 허용할지 여부는 우리 자신에게 달려 있으니까 말이다. 소시지 백 개가 코앞에 달랑달랑 매달려 있다고 하자. 그 누구도 우리에게 달려가서 그것을 붙잡으라고 강요할 수 없다. 자신이 그걸 베어 먹어야 한다.

## 행복은 운이 정해주는 것이 아니다

우리가 지금까지 함께 걸어왔던 길을 잠깐 되돌아보자. 이 책의 1장에서는, 우리는 스스로 결정할 수 있는 존재이며 선택의 자유는 자기 책임의 원천임을 고찰하였다. 2장에서는 스스로 책임지는 인생을 방해하는 것은 무엇인지, 우리는 왜 수동적이고, 주저하며, 종속적이 되는지에 대해 검토하였다. 남에게 결정권을 넘기면 우리 인생에 어떤 결과가 나타나는지를 살펴본 것이다.

이제 결정적 질문을 할 시점에 이르렀다.

"인생을 스스로 결정하면 어떤 이익이 있는가?"

"삶을 행복하게 만들어주는 것은 무엇인가?"

우리는 기쁨, 재물, 쾌락 또는 여러 가지 즐거움을 가득 채운 다음 그 위에 '행복함'이라고 써 붙이면 되는 빈 통이 아니다. 또한 행복한 삶은 순간의 행복을 의미하는 것이 아니다. 물론 그런 순간은 존재한다. 그런 순간은 경이로우면서 또한 매우 드물게 찾아온다. 우리가 원하는 것이 이루어졌고 다른 그 어떤 기대도 그 사이에 끼어들지 않는 분명하고 완벽한 상태이다. 욕망기계가 잠자고 있는 상태이다. 그런데 여기서 살펴보아야 할 것은, 그 순간이 아니라 어떤 조건에서 행복이 그대로 머물러 있는가, 또 행복감이 계속 유지되는가 하는 것이다.

만약 '행복의 비결'이 존재한다면, 그것은 자신의 자유, 자율성,

창의성을 언제 어디에서나 의식하는 것 그리고 그 기준에 따라 실제 상황이 좋아졌거나 좋아질 수 있다고 여기는 것이다. 우리가 행복한 지를 규정하고 그것에 영향을 미칠 수 있는 것은 오직 우리 자신이기 때문이다. 결국 삶을 행복하게 만드는 것은 분명한 결정과 그 후의 단호한 태도이다. 단호한 결정이 "내 인생은 행복하리라!"라는 예언을 현실로 만든다. 한마디로, 행복은 결코 운이 정해주는 것이 아니다. 스스로 결정하는 것이다.

# 3장

# 행복한 삶을 위한 자기결정의 원칙

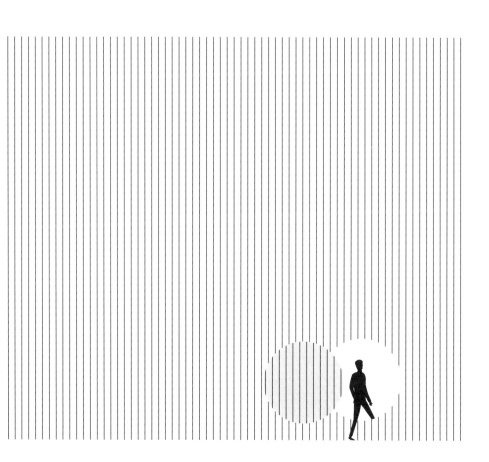

# 행복은 단호한 결정의 결과이다

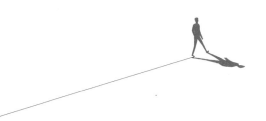

**인생 백전노장**

술의 유해성이 매우 심각하다고 생각하는 한 의대 교수가 긴장한 눈초리로 지켜보는 학생들 앞에서 지렁이 한 마리를 순도 백 퍼센트의 알코올이 든 유리잔 속으로 떨어뜨렸다. 지렁이는 순식간에 용해되어 사라지고 말았다. 교수는 학생들을 향해 몸을 돌린 다음 이렇게 물었다.

"여러분, 방금 관찰한 것을 통해서 무엇을 배웠습니까?"

잠시 침묵이 흘렀다. 그러다 뒷줄에서 누군가 대답했다.

"술을 마시면 몸속의 벌레가 사라집니다."

우리는 하나의 안경을 쓰고 세상을 바라본다. 그 안경은 우리 콧등 위에 탄탄히 자리 잡고 있다. 물론 안경을 벗을 수도 있고, 다른 안경으로 바꿔 쓸 수도 있다. 이러한 과정은 시점이나 초점을 바꿔가면서 숨은 그림과 반전도형을 보는 것과 비슷하다. 자동으로 될 것 같은 감각적 지각이 의식의 통제를 받는 것이다. 세계적인 영혼의 건축가로 불리는 미국의 심리학자이자 철학자인 윌리엄 제임스는 백여 년 전에 이렇게 썼다.

"나의 경험은 내가 어디에 주의력을 쏟을 것인지 결정한 결과이다."

따라서 모든 것은 결국 시각의 문제이다. 한쪽에서 보면 잔의 절반이 차 있지만, 다른 쪽에서 보면 절반이 비어 있는 것이다. 어떤 사람은 놀라운 풍광을 보지만, 다른 사람은 더러운 창을 본다. 농사가 잘되기를 바라는 사람은 비를 환영하고, 가든파티를 계획하고 있던 사람은 비를 보며 짜증을 낸다. 세상을 지배하는 것은 이른바 '사실'이 아니라 그 사실에 대한 우리의 내적 반응이다. 경험을 규정하는 것은 외부의 틀이 아니라 그것을 내면적으로 어떻게 받아들이는가, 다시 말해 경험을 받아들이는 태도다. 하나의 사건에 대해서도 여러 가지 해석과 대안이 존재한다.

대다수 사람이 희망이 없고 기운 빠진다고 할 만한 상황 속에서

조차도 남들이 감지하지 못하는 행위의 가능성을 포착하는 사람들이 있다. 같은 상황에서 자유와 창조의 가능성을 보는 사람이 있는 반면, 순응과 불가피성의 이유를 찾아내는 사람도 있다. 어떤 이는 행복하지 못한 결혼생활, 에너지를 갉아먹는 직장생활, 자녀와 가족, 친구, 동호회 회원 등에 대한 의무에 매여 질식할 것 같지만 변화가 불가능하다고 생각한다. 하지만 어떤 이는 동일한 여건에서도 고등법원 판사직을 그만두고 결혼 24년 만에 아내와 헤어져서 이탈리아로 간 뒤 그곳에서 연극배우를 만나 함께 살면서 그림을 그리기 시작한다.

도덕적 판단을 잠시 제쳐둔다면, 자기가 하고 싶은 대로 하며 사는 사람이 부럽다는 사실을 인정하지 않을 수 없다. 그러나 우리는 그런 부러움을 인정하려 하지 않는다. 그 대신 비판을 외부로 돌리며 상대의 가치를 깎아내린다. "내가 좀 부러워하는구나!" 또는 "나는 그럴 용기가 없어!"라고 말하지 않고, 오히려 "사람이 어떻게 24년이나 같이 산 아내를 버릴 수 있지?"라고 말한다. 질투나 부러움의 감정에 도덕적 우월성이라는 옷을 입히고는, 자기 타성이라는 푹신한 쿠션 위로 다시 나자빠지는 것이다. 타성은 그 무엇을 위해서도 싸울 필요가 없다고 느끼는 감정이다.

남들이 불가능하다고 여겼던 능력을 스스로 개발한 사람들을 나는 여러 회사에서 여럿 보아왔다. 그들 중 몇몇은 외견상 단조롭고

별 볼 일 없는 활동도 한껏 즐기면서 한다. 그 비결은 무엇일까? 그들의 에너지가 외부 환경에서 오는 것이 아니기 때문이다. 그들의 인생 감각은 외적인 조건과는 대체로 관계가 없어 보인다. 그들의 삶을 의미 있고 충만하게 만드는 것은 훨씬 더 높은 차원의 내면적 태도임이 분명하다. 그들의 에너지는 내면에서 오는 것이다.

심리학자들은 오래전부터 '행복이란 무엇인가?', '누가 행복한가?' 하는 문제를 다루어 왔다. 많은 사람이 자기를 행복하게 해주는 그 무엇이 '일어나기'를 기다린다. 복권 당첨이나 동화 속의 왕자를 꿈꾼다. 하지만 복권 당첨처럼 '노력이 따르지 않은 행복'은 그저 잠깐 짜릿한 느낌을 줄 뿐이다. 장기적으로 보면 그런 행복은 오히려 사람을 불행하게 만든다. 한 연구에 따르면, 복권 당첨자에게 자신이 느끼는 주관적 행복감에 대해 질문하였는데, 당첨되고 1년이 지난 후에는 당첨되기 이전보다 더 불행하다고 스스로 평가하는 것으로 나타났다. 분명한 사실은, 지속적인 행복감을 느끼는 데 외부 환경의 영향은 매우 제한적이라는 것이다. 재산, 외모, 지성, 그리고 건강조차도 행복의 조건이 될 수는 없다.

행복한 사람은 자신을 자기 인생의 주인으로 여기고, 자기 행복의 원작자로 인식한다. 그들에게는 좋은 것도 (나쁜 것과 마찬가지로) 운명처럼 들이닥치는 경우가 없다. 흔히 말하듯이 복권에 당첨되듯 행복이 그냥 그들의 품 안으로 떨어지지는 않는다는 것이다. '일어나는 일'은 그들에게 아무런 의미가 없다. 그들은 중요한 것을 스스로 불러들인다. 자신의 삶을 이끌고 나아가는 것이다.

> **행복의 원천은 자기 자신이지,**
> **주변 상황이 아니다.**

이처럼 긍정적인 일에 대해서는 이해하기가 쉽다. 그런데 부정적인 상황이라면 어떨까? 불만에 짓눌려 기분이 답답할 때, 그 고뇌의 골짜기에서 빠져나오려면 어떻게 해야 할까?

이에 대해 나는 세 가지 전략을 제시한다. 이 전략이 모두 성공하기 위해서 없어서는 안 되는, 절대 양보할 수 없는 전제조건이 있다. 바로 '단호함'이다. 향긋한 건초 더미 둘 사이에서 어느 것을 먹어야 할지 결정하지 못하고 고민하다 결국 굶어 죽고 말았다는 당나귀 일화를 생각해보라. 돈 많은 남자와 성격 좋은 남자, 예쁜 여자와 알뜰한 여자, 뉴욕과 파리, 푸른 옷과 붉은 옷 사이에서 결정을 내리지 못하는 사람은 자기 처지에서 벗어날 수 없다. 그런 사람은 인생이 자기를 스쳐 지나가는 것을 쳐다만 보고, 남이 자기를 대신하여 결정하는 것을 바라만 본다. 그러고는 자신이 희생자라고 느낀다.

'결정'이라는 뜻의 독일어 Entscheidung의 형태에서 알 수 있듯듯, 핵심은 '나누는scheiden' 것이다. 한쪽 문을 닫아두는 것! 이런 상태를 사람들은 못 견뎌 한다. 그래서 그들은 제 인생을 허공에 띄워 두고, 미결정 상태로 놔두려 하고, 모든 문이 열려 있기를 원한다. 그러다 결국에는 어느 문으로도 나가지 못하는 것이다.

이제 한 쪽을 끊어버려야 한다. 놓아버려야 한다. 하나를 포기해야 한다. 대안을, 돈 많은 남자를, 예쁜 여자를, 업무용 차량과 바다가 내려다보이는 사무실이 제공되는 일자리를, 일확천금의 꿈을 포기해야 한다. 그래야 크게 성공할 수 있다. 그게 사람들에게는 너무나 어려운 일이다. 모든 것을 다 가지려 하기 때문이다. 그러나 모든 것을 가지려 하는 사람은 결국 아무것도 갖지 못한다.

물론 이렇게 어려운 일을 감행하는 사람들이 있다. 그들은 거의 예외 없이 이렇게 말한다.

"한 번 해봤으니 그걸로 만족해!"

그리고 이들은 이렇게 덧붙인다.

"내가 딱 하나 후회하는 건 그걸 좀 더 일찍 하지 않았다는 거야."

결정의 신속성을 강조하려는 것은 아니다. 어떤 결정을 내릴지에 대해 숙고하는 것은 문제가 없으며, 때때로 필요한 일이기도 하다. 그러나 끝도 없이 파고들고 필요한 것 이상으로 알려고 하면서 계속 미적거리는 태도는 우리의 에너지를 갉아먹는다. 게다가 그런 행위가 일종의 '대체 행위'가 되면서, 할 수 있을지도 모를 다른 가능성까지 막아버린다.

"하지만 어떤 결정이 옳은지 어떻게 알 수 있단 말인가?"

당신은 이렇게 반문할 수 있을 것이다. 그런데 당신은 절대로 그 것을 알 수 없다. 다른 것을 결정했을 때 어떤 일이 일어날지는 절대 알 수 없기 때문이다. 더 좋아질까? 아니면 더 나빠질까? 하나의 길 을 선택하였는데 그 길이 기대에 부합하지 않으면, 선택하지 않은 다른 대안은 온갖 알록달록한 색으로 덧칠된다. 그래, 그럴 수도 있 다. 어쩌면 더 행복했을지도 모른다. 하지만 훨씬 더 불행해졌을 가 능성 또한 당연히 있다. 결과는 알 수 없다. 또 그것에 대해 '생각하 는 것'은 무의미하다. 당신은 이미 다른 가능성을 버렸다. 동시에 당 신은 한 걸음 내디뎌 한 개의 문을 통과했다. 이로써 제 자리에 꼼짝 하지 않고 머물러 있었다면 절대 열리지 않았을 다수의 새로운 가능 성과 대안 앞에 서 있게 되었다. 인생에 바른 결정 혹은 틀린 결정이 란 존재하지 않는다. 어떤 결정이든 아무것도 결정하지 않는 것보다 더 나은 법이다. 이것이 앞으로 내가 전개하고자 하는 생각이다.

행복은 결정을 내린 다음에 온다.

### 짜증을 낼 것이 아니라 상황을 바꾸어라

한 과학자가 후원자들로부터 연구 결과를 조속히 발표하라는 압박을 받고 있다. 그러나 연구 결과가 아직 충분히 검증되지 않은 상태라면 어떻게 해야 할까? 기업체의 법무 담당자가 그룹 최고경영자에게서 소비자의 정당한 요구를 온갖 법률적 수단을 동원해서라도 무산시키라는 지시를 받았다면, 그는 어떻게 해야 할까? 병원에 근무하는 한 의사는 환자들과 오랜 시간 대화하는 것이 치료에 유용하다고 확신한다. 그런데 자신에게 배정된 환자의 수가 너무 많아서 컨베이어 벨트 돌아가듯 기계적으로 진료하고 있다. 이럴 때 그는 어떻게 해야 할까? 테니스 혼합복식 대회를 준비하는데 파트너 여성이 매번 연습에 지각해서 짜증이 난다. 그런데 그녀가 없으면 최강의 복식팀을 구성할 수 없다. 어떻게 해야 할까? 이럴 때 할 수 있는 구체적인 행위들은 매우 까다롭고도 단순하다. 그래서 그 누구도 그것을 단호하게 장악하지 못한다.

## 상황을 바꾸어라!

마음에 들지 않는 조건을 주어진 그대로 받아들여서는 안 된다. 만족해버리지 말라. 괜찮다고 하지 말라. '아니요'라고 말하고 싶은데 '예'라고 말하지 말라. 자신에게 할 수 있는 가장 나쁜 짓은 불끈 쥔 주먹을 주머니에 쑤셔 넣는 일이다.

남이 바꿔주기를 기다리지 말라. 당신의 가치관과 이익에 비추어 문제가 있다고 느끼는 것은 당신의 문제이고 그 누구도 당신처럼 느낄 수는 없다. 그러므로 그것을 바꿀 수 있는 존재도 바로 당신이다. 기적을 바라지 말라. 미루는 것은 시간을 낭비하는 짓이다.

사람들은 강한 저항이나 거부에 직면할 것 같은 일에 대해서는 순순히 만족해버린다. 자기 인생에서 뭔가를 바꾸면 남이 좋아하지 않을 거라고 생각하는 사람들은 일찌감치 완벽하게 순종하여 자기 해체 상태가 된다.

그러나 자기 인생에 방해가 되는 것을 바꾸기 위해 직접 나서는 것이야말로 주변 사람과 자신에게 가장 충실한 행위이다. 그러므로 짜증을 낼 것이 아니라 상황을 바꾸어라!

당신이 만약 앞에서 언급한 과학자라면, 연구 결과의 성급한 발표가 어떤 결과를 가져올지를 후원자에게 분명하게 밝혀야 한다. 또 앞에서 말한 그 의사라면, 돈을 포기하는 대신 의사로서 필요하다고 여기는 정도의 시간을 환자에게 바칠 수 있는 방법을 검토해보아야 한다. 또 테니스 선수라면, 자신이 문제점이라고 느끼는 것을 파트너에게 털어놓고 함께 해결책을 찾아야 한다.

아일랜드의 극작가 조지 버나드 쇼는 다음과 같은 탁월한 명언을 남겼다.

"사람들은 언제나 현실에 대한 책임을 상황 탓으로 돌린다. 세상에서 앞서 나가는 사람들은 자기가 원하는 상황을 찾아낸다. 그리고 그런 상황을 찾을 수 없으면 스스로 그런 상황을 만들어낸다."

체제 부적응자, 상식에 따르지 않는 사람, 관습을 벗어나는 이들에 대해 다소 은밀한 전쟁이 진행되고 있음을 나는 알고 있다. 옛날에는 이렇게 말했다.

"아이들이 너무 바라는 게 많으면 엉덩이에 불난다!"

곳곳에서 순응하라는 압박이 쏟아진다(그런 압력은 때로는 그저 이맛살을 한 번 찌푸리는 것에서 시작되기도 한다).

스스로 결정하고 자신의 의지로 행위하는 사람은 '고집 센 사람'으로 평가받고, 세상은 그들을 삐딱한 시선으로 바라본다. 먼 곳을 여행하고 온 사람이, 오스트레일리아 원주민의 관습처럼 자기 생일을 더 이상 축하하지 않고 뭔가 중요한 것을 배운 날을 자축한다면, 그는 대번에 '웃기는 별종' 취급을 받는다. 진지하게 대답하면 '무례하다'는 지적을 받는다. 원하는 것을 분명하게 말하는 여성은 '사교적이지 못한' 사람으로 간주되기도 한다. "너는 내가 원하는 대로 해야 해"라는 엄청난 압박이 사방에서 몰아친다.

기독교의 전통 또한 우리를 힘들게 한다. "이웃을 사랑하라"라는 계명은 사실 원래 뜻의 일부만을 나타낼 뿐이다. 원래는 "네 이웃을 너 자신처럼 사랑해야 한다"라는 뜻이다. 그런데 이 문장 역시 마르틴 루터가 민중을 교육하기 위해 해석한 것이다. 히브리어로 된 원문은 "너희가 자신을 사랑할 때만 너희 이웃을 사랑할 수 있다"이다. 자신과의 애정 어린 교류를 타인과의 애정 어린 교류의 전제조건으로 삼은 것이다. 당신이 자신을 소중히 여길 때만 다른 사람에게 소중한 존재가 될 수 있고, 자신을 존중할 때만 다른 사람들을 존중할 수 있다는 것이다.

그러므로 스스로 자존감을 잘 지켜야 한다. 사장이 당신을 가벼이 여기도록 허락해서는 안 된다. 단호한 태도를 취해 자신의 존귀함이 깎이지 않도록 해야 한다. 사장이 당신을 무시하는 것은 당신이 단호하게 행동하리라고 예상하지 못했기 때문이다. 그러므로 먼저 분명하고 뚜렷하게 말하고 행동하는 것이 도움이 된다. 누이와 다투었다면, 누이가 행동할 때까지 기다리지 말고 누이에게 전화를 걸어라. 일을 미루어서 그 일이 자신에게 문제거리가 되도록 해서는 안 된다. 또 잘못을 저질렀다면 감추지 말고 즉시 잘못을 인정하고 그 대가를 치르는 것이 현명하다. 찜찜한 기분을 계속 유지하는 것이야말로 당신이 자신에게 할 수 있는 가장 미련한 짓이다.


**불행을 선택할 필요는 없다**

이쯤에서 당신은 어쩌면 부정적인 반응을 보일지도 모르겠다.

"나는 이미 뭔가를 바꾸기 위해 할 수 있는 일은 다 해보았소. 하지만 아무 일도 일어나지 않았소. 한 걸음도 앞으로 나아가지 못했단 말이오."

만약 마음에 들지 않는 것을 바꾸려고 정말 단호한 태도로 시도했는데도 성과가 없었다면 또 다른 방법을 써보자.

### 그곳을 떠나라!

내부에서 상황을 바꾸는 데 성공하지 못했다면 탈출구를 찾아야할 것이다. 그곳을 떠나는 것이다. 가능성이 전혀 없을 때는 이것이 최선의 계책이다. 그 상태를 고수해봤자 얻을 게 전혀 없다. 그저 시간을 낭비할 뿐이다. 그럴 때는 뒤도 돌아보지 말고 가야 한다. 걸으면서 얻은 힘으로, 당신은 곧 자신을 위한 새로운 뭔가를 찾게 될 것이다.

개업 5년 만에 큰 성공을 거둔 치과의사가 어느 날 그것이 자기 일이 아님을 분명히 알게 되었다. 그는 취미를 직업으로 삼겠다고 생각하고 큰 범선을 빌려 선장이 되었다. 지금 그는 발트해에서 자신과 가족을 위한 생계비를 벌고 있다.

컴퓨터를 통한 가공 및 대량생산 방식에 질려버린 한 인쇄 전문가는 아일랜드로 떠났다. 그는 그곳에서 전통 방식을 사용하는 작은 식자植字 업체를 차려 고급 인쇄물을 만들고 있다.

독일 대형 은행의 한 부서장은 자신이 일상적으로 처리해야 하는 일과 각종 규정에 포위되었다고 느낀 나머지, 지인들과 동료의 반대를 무릅쓰고 사표를 내던졌다. 프랜차이즈 레스토랑을 운영하고 있는 그는 이렇게 말한다.

"여기서는 일을 더 많이 하고 돈은 더 적게 벌지만, 나는 나의 주인입니다."

만약 당신이 그 어떤 일도 할 수 있지만, 사장의 지시를 따라야한다는 사실을 도저히 받아들일 수 없다고 하자. 그럴 때 맞는 일자리는 얼마든지 있다. 당신은 독립의 길을 택할 수 있다. 그 대신 대가를 치러야 한다. 망할 가능성이 비교적 크다는 점, 초창기 몇 해동안은 휴가도 포기해야 한다는 점, 어깨를 두드려주며 격려해줄 사람이 없다는 점 등이다. 이런 대가를 치를 생각이 없다면 사장의 지시를 따라야 한다는 사실은 당신에게 그리 대단한 일이 아닌 것이다. 어쨌든 당장 행위에 나설 정도로 중요하지는 않은 것이다.

만약 그 어떤 상황에서도 살아갈 수 있지만, 비가 많이 오는 것만은 싫어한다고 하자. 그렇다면 이 세상에서 한 해에 300일 이상 해가 나는 곳을 수백 곳도 넘게 찾을 수 있다. 하지만 그런 곳의 생활수준이 너무 낮아서, 아니면 아마도 당신의 우수한 자질에 전혀 걸맞지 않은 하찮은 일거리밖에 찾지 못할 가능성이 매우 커서 그런 곳으로 가고 싶지 않을 것이다. 그렇다면 당신에게 태양은 그리 중요하지 않은 것이다. 당신은 이미 결정을 내렸다. 자신에게 더 중요한 것을 택하기로 말이다.

떠나는 것은 쉽다. 예를 들어 다른 분야에서도 쉽게 써먹을 수 있는 능력이 있다면 말이다. 앞에서 말한 의사는 자신의 직업상의 이상을 실현하도록 허락해주는 어떤 분야로 갈 수도 있을 것이다. 자신과 같은 가치관을 가진 사용자가 운영하는 병원으로 이직할 수도 있을 것이다. 예를 들면 개인 병원 혹은 교회에서 운영하는 병원시설 같은 곳, 아니면 그 자신이 병원을 설립할 수도 있겠다.

떠나는 것은 어렵다. 시장상황이 자신을 두 팔 벌려 환영해주지 않는다면 말이다. 또 가족 부양에 대한 걱정과 매달 날아오는 청구서가 앞을 가로막는다. 그러나 떠나는 것 자체가 불가능하지는 않다. 그건 당신도 잘 알고 있다. 어떤 직업군이라도 창의적인 해결 방안은 있기 마련이다. 다만 큰 노력을 들여야 할 뿐이다.

결정에 직면해 있을 때 우리 내면에서는 분열적 감정이 생긴다. 누구나 알고 있고 한 번쯤 경험해 보았을 것이다.

'진짜 인생은 어디 다른 곳에서 일어날 거야…. 완전히 새로운 뭔가를 시작할 수는 없을까…. 이다음 남자는 모든 면에서 다르겠지…. 다음 직장에서는 분명히 크게 성공할 거야….'

이런 마음속 독백에서 수많은 이해관계가 서로 다툰다. 분명한 우선순위를 정하기가 만만찮다. 모든 걸 동시에 해낼 수 있으면 가장 좋겠다. 이번이 인생의 마지막 기회가 아닌가 말이다.

선택의 가능성이 클수록 결정은 더더욱 중요하다. 저녁 내내 텔레비전 앞에 앉아 리모컨으로 온갖 채널을 꾹꾹 눌러본 적이 있는 사람이라면 결단력 부족으로 인한 불만을 잘 알 것이다. 이는 인생의 결정에도 그대로 적용된다. 우리 인생은, 말하자면 국어 시간의 작문에 비유할 수 있다. 글을 완성한 뒤 "주제가 잘못되었어!"라는 말을 듣는 경우가 다반사인 것이다. 자신의 가치관을 반영한 우선순위를 정하는 것은 더더욱 중요하다. 만약 어떤 사람이 가족과 함께 보내는 시간을 가장 중요하게 여긴다고 하자. 그러면 다른 여러 가능성이 사라진다. 자신의 가치관에 어긋나는 직장은 다니지 않겠다고 결심한 사람은 선택의 폭이 제한될 수밖에 없으며, 때때로 여러 다른 것들을 포기해야만 한다. 그래서 시간이 날 때마다 다음과 같이 자문해보는 것이 도움이 된다.

- 내 인생에서 정말 중요한 것은 무엇인가?
- 나는 올바른 경기장에 있는가?
- 나는 나만의 경쟁력을 만들고 있는가?

특히 인생의 중대한 결정을 내릴 때는 스스로 이렇게 물어보아야 한다.

"이 결정이 나의 일에, 내 인생의 꿈을 실현하는 데 기여하는가?"

사람들은 흔히 '엉뚱한 영화' 속에 있다고 느끼며 인생을 배회한다. 이들은 남이 써준 각본대로 살기 때문에 자기 인생의 조연이다. 자신이 아닌 다른 역할을 하는 것이다. 이들은 때때로 영화관에 가서 진짜 인생을 '구경'하기도 한다. 영화 속의 주인공이 결연히 자신의 일에 전념하기를, 자기 일을 끝까지 밀고 나가기를 기대한다. 영화를 박진감 있게 해주는 수많은 저항과 질시를 이겨내고서 말이다. '그가 그것을 해낼까? 장애를 극복할 수 있을까?' 하며 초조해하다가, 주인공이 자신을 대신하여 다시 한번 그것을 해내면 안도의 한숨을 내쉰다. 이들은 희망으로 빛나는 영화관의 정문으로 들어갔다가 퇴색한 뒷문으로 나온 다음 자기 인생의 조연으로 돌아간다. 꼭 그래야 하는가?

## 백 퍼센트 '예스'

바뀔 가능성이 전혀 없거나 엄청난 대가를 치러야만 바꿀 수 있는 것들을 바꾸고 싶어 하는 사람들을 종종 보게 된다. 내가 가진 얼굴은 신에게 (또는 부모님의 유전자로부터) 받은 선물이다. 물론 성형외과를 방문할 수도 있으리라. 어떤 사람이 상사랍시고 저 윗자리에 앉아 있다. 실은 내가 그 일에 훨씬 더 적합한 자질을 갖추었는데도 말이다. 물론 마피아에게 전화를 걸 수도 있겠지. 내가 열망하는 여인은 이제 다른 남자를 사랑하고 나와는 아무런 관계도 맺지 않으려한다. 내가 그보다 더 멋지고, 유능하고, 착한데도.

이럴 때가 정말 힘든 훈련이 필요한 시기이다. 당신은 이것을 인정해야만 한다.

## 존재 자체를 바꿀 수는 없다.

인생에는 더 이상 변할 수 없는, 그래서 있는 그대로 받아들여야하는 상황이 있다. 바꿀 수 있는 시점이 이미 지난 것이다. 그런데도도저히 포기하기 싫다면 어떻게 해야 할까? 상황을 바꿀 수 없는 시기에도 여전히 선택의 가능성은 남아 있다. 당신은 자신의 내적 태도를 선택할 수 있다. 바람이 부는 방향을 결정할 수는 없지만 돛의방향은 정할 수 있다. 물론 계속 자신은 희생자라며 불평하거나 짜증을 낼 수도 있다. 고집스레 무기력한 채 있겠다는 의지를 고수하는 것도 당연히 가능하다. 그러나 다음과 같은 태도를 선택하는 것이 더 현실적이다.

## 그것을 사랑하라!

만약 달갑지 않은 상황을 바꿀 수 없다면 자신의 태도를 바꾸어

라. 그 상황을 있는 그대로, 그로 인한 모든 결과와 함께 인정하라. 지금 상황에 백 퍼센트 '예스'라고 말하라. 현실과의 다툼을 멈추는 것이다. 현실을 인정함으로써 놓아버리는 것이다. 좋아하는 일자리를 얻을 수 없다면, 지금의 일자리를 사랑하면 된다. 필요한 일은 아무것도 하지 않은 채 늘 갖지 못하는 것만을 쳐다보는 것은 인생을 망치는 지름길이다. 불평만 해대는 사람은 스스로 인생을 고달프게 만들고, '반쪽짜리 진정성'은 어떠한 결과도 얻지 못한다.

1970년대 초 런던에서는 티셔츠에 이 세 문장을 넣는 것이 유행이었다.

> 사랑하라.
> 그대로 두라.
> 아니면 변화시켜라.

마음에 들지 않으면 바꾸어라. 바꿀 수 없지만 중요하다면 그대로 두라. 그렇게 할 수 없거나 타당한 이유로 인해 그러고 싶지 않다면, 완전히 거기에 매달려야 한다. 백 퍼센트 '예스'를 외치는 것이다. 이것이 진정한 실천적 자기결정이다.

최선을 다하라. 당신 자신이 바로 선물이다.

당신이 지금 하고 있는 것을 사랑하고 거기에 헌신하라.

자신이 선택한 것을 헌신적으로 행하는 것 이외의 다른 모든 동기는 자동적으로 좌절, 의욕상실, 정신적인 약물의존으로 끝날 것이 확실하다. 따라서 에너지와 역동적인 힘은 오직 '자기 의지에 의한' 행위일 뿐 다른 곳에서 파생된, 외부나 타인의 조종을 받는, 자극에 유도된 행위가 아니다. 선택의 자유를 체험한 곳에 에너지가 있다. 의식적으로 선택한 사람만이 자기가 원하는 대로 될 수 있다.

가장 뛰어난 수상스키 선수인 새미 듀벌은 이렇게 말했다.

"누가 우승할지 맞히는 것은 사실 매우 쉽습니다. 선수의 눈을 들여다보기만 하면 되거든요. 우승자의 눈에는 남다른 열정, 낙관, 단호함, '패배는 사양하겠다'는 듯한 의지가 담겨 있습니다. 그것은 처한 상황과 관계없이, 그의 가장 깊숙한 내면에서 스스로 끌어낸 것들입니다."

누가 승자가 될지는 출발선에서부터 알아볼 수 있다. 물론 패배자도 마찬가지이다.


### 자기 책임하의 인생살이

백 퍼센트 '예스'라고 말하고, 그 일을 애정을 갖고 헌신적으로 하는 것, 단호한 마음가짐으로 사는 것. 이 모든 것이 영어로는 '커미트먼트commitment'라는 한 단어에 들어 있다. 커미트먼트는 '자기 책임'이라는 개념과 대략 일치한다.

> 자신이 지금 하는 일을 하되,
> 애정을 가지고 헌신적으로 하라.
> 그렇지 않으면 그걸 완전히 내버려 두라.

자기 책임을 실천한 이들은 진심 어린 수긍과 자기 능력에 대한 신뢰를 바탕으로 인생을 스스로 통제한다. 토마스 만은 매일 하루도 빠짐없이 아홉 시부터 열두 시까지 글을 썼다. 프란츠 슈베르트는 이른 죽음을 맞이하기까지 열여덟 해 동안 피아노 소나타 스물세 편, 서곡 열아홉 편, 현악 사중주곡 열여덟 편, 오페라 작품 열다섯 편, 교향곡 아홉 편, 미사곡 일곱 편 그리고 육백 편이 넘는 가곡을 작곡하였다. 매일 일곱 시간씩 곡을 쓴 결과이다.

에이브러햄 링컨은 이십 대 초반에 사업에 실패했고 첫 선거에서도 고배를 마셨다. 스물일곱 살인 1835년에는 첫사랑의 죽음을 겪어야만 했다. 1844년(35세)에는 연방하원 공천에서 탈락하였고, 55년(46세)에는 연방상원 선거에서 패배하였으며, 1856년(47세)에는 부통령 후보 경선에서 떨어졌고, 1858년(49세)에도 상원 선거에서 패했다. 실패와 패배의 연속이었다. 그러다 마침내 쉰한 살인 1860년에 미국의 가장 위대한 대통령 중의 한 사람이 되었다.

당신은 '내가 링컨은 아니잖아!'라고 항변할 수 있을 것이다. 물론이다. 하지만 세계사의 위대한 인물들만 이렇게 할 수 있는 것은 아니다. 자신의 일을 포기하지 않고 꾸준히 행하는 평범한 사람들, 가장 불리한 여건 속에서조차도 사랑과 희망이 가득한 삶을 사는 결단력이 있는 사람들, 중요한 가치를 놓치지 않고 거기에 완전히 몰두해 있는 사람들이 우리 주변에도 있지 않은가?

'나무 아저씨'를 나는 결코 잊지 못할 것이다. 내가 어릴 때 부모님이 그분 이야기를 들려주었다. 거의 30년 전, 그는 자신이 성장한 마을의 황폐해진 땅을 나무가 무성한 숲으로 만드는 것을 자신의 과업으로 삼았다. 그 땅은 프랑스 남부에 있었는데 조경 전문가들이 관광 목적으로는 전혀 쓸모없는 땅이라고 포기한 곳이었다. 나무 아저씨는 날마다 백 그루씩 나무를 심었고 그곳의 경관은 점차 회복되어갔다. 숲이 우거지고 시내와 강에는 다시 물이 흘렀다. 짐승들과 사람들이 돌아왔고, 곧 첫 관광객들이 찾아왔다. 그중에는 우리 가족도 있었다. 그것은 '나무 아저씨'의 업적이었다. 그는 불가능해 보이는 열악한 상황에서도 포기하지 않았다. 그는 그렇게 하기로 결심하였던 것이다.

**결단이 차이를 만든다.**

행복하려면 지금 존재하는 상황 자체를 완전히 받아들이고 '예스'라고 말할 준비가 되어 있어야 한다. 그게 옳거나 훌륭하기 때문이 아니다. 그 반대다. 자기 책임은 결코 현재의 결함을 무시하지 않는다. 자기 책임은 잿빛 현실을 장밋빛으로 그리려 하거나 미화하려하지 않는다. 오히려 결함을 뚜렷이 인식한다. 자기 책임을 실천하는 사람들은 "아무도 나를 압박하지 않지만 내가 그렇게 하기로 정했으므로 그렇게 한다"라고 말한다. 스스로 결단하는 것이다.

그러므로 행복이란 자신이 원하는 것을 얻는 것뿐만 아니라 자신이 얻은 것을 원한다는 뜻이기도 하다. 이로써 행복은 겸손한 태도를 전제한다. 이는 자신을 이 세상의 배꼽(중심)이라고 인식하지 않는 능력이다. 스스로 자신을 괴롭히는 특별해지고 싶은 욕구를 인생곡선의 특정 시점에 이르러서는 포기하는 것, 자신을 세상에 맞추어가는 것, 자신을 진지하게 여기되 잘난 척하지는 않는 것이다.

한 워크숍에서 나는 참가자들에게 출근하는 것이 그렇게 괴로운데도 왜 아침마다 일하러 가는지 물었다. 이에 대한 답은 한결같이 뻔한 윤리적인 이유, 안타까운 희생자 이야기 그리고 일의 의미와 가치 같은 것들이었다. 그러나 한 참가자가 놀라운 답변을 했다.

"도대체 그것 말고 뭘 하란 말이오?"

그의 어투는 전혀 체념적이지 않았다. 오히려 즐겁고 거의 유쾌할 정도였다. 하지만 그는 한심하다는 반응과 동정 어린 시선을 받았을 뿐이다. 그는 더 이상 아무 말도 하지 않았다. 윤리적이고 그럴 듯한 근거를 찾는 데 들일 시간과 힘을 아꼈던 것이다. 같이 참가한 이들에게 깊은 인상을 주기를 포기했던 것이다. 하지만 그의 태도는 분명하면서도 겸손하게 이런 뜻을 드러내고 있었다.

"단지 내가 선택했으니 그렇게 하는 거지요. 더 이상 말할 게 없어요."

# 행복하게 사는 비결

## 주고받기에 대하여

당신은 물리수업 시간에 배운 에너지 보존의 법칙을 아직도 흐릿하게나마 기억하고 있으리라. 그 법칙에 따르면 모든 에너지는 늘 일정하게 유지된다. 없던 에너지가 새로 생겨나거나 존재하는 에너지가 사라질 수 없다는 것이다. 에너지는 그저 변화할 뿐이다. 그래서 과학자들은 에너지라는 개념보다 '상호작용'이라는 개념을 선호한다.

바로 이 상호작용이 인생의 모든 상황에서 일어난다. 당신은 어떤 일에 절반의 에너지만 쏟을 수도 있고, 어떤 상황에 절반의 마음만 동의할 수도 있다. 또 평생 다른 파트너를 꿈꾸며 살 수도 있다. 그 결과는 절반의 성과, 기쁨 없는 인생, 중간치가 될 것이다.

무엇을 하든 애정과 열정을 갖고 하라. 그리고 그것과 똑같은 크기의 행복과 만족을 맛보라. 이것이, 오직 이것만이, 우리가 행복해지는 비결이다.

> 우리는 스스로 매 순간에 쏟아부은 것을
> 인생에서 돌려받는다.

내가 아무것도 하지 않았는데 저절로 일어나는 일은 없다. 인간의 행위는 메아리와 같다. 내가 한 것이 내게 되돌아오는 것이다. 이 원리는 우리가 존재하는 장소인 '여기', 우리가 존재하는 시점인 '지금'에 적용된다.

프랑스 작가 세바스티앙 샹포르는 이렇게 말했다.

"이성적인 사람은 마냥 견디고, 정열적인 사람은 살아간다."

많은 사람이 하루의 대부분을 주의를 집중하지 않고 완전히 몰두하지 않은 채 마치 '제자리에 없는 듯' 살아간다. '제자리에 없다'는 표현은 몸과 마음이 같은 시간, 같은 곳에 있지 않다는 말이다. 말하자면 백일몽을 꾸듯 자기가 하는 일에 정신을 집중하지 않고 있다가 누군가가 말을 걸면 그때 마치 잠에서 깨어나듯 할 뿐, 자기 주변 세계에 적극적으로 참여하지 않는 것이다. 그들은 '여기'에 없거나 '지금' 없다. 혹은 둘 다거나.

이런 의미에서 당신은 '제자리에 있지 않은' 것이다. 당신은 밤마다 극장에 가고 싶어 하는데 몸은 회사 주차장에 있음을 발견한다. 퇴근한 후에도 머릿속에서는 아직 사무실에 앉아 있기 때문에, 저녁밥을 아무 생각 없이 그저 입안으로 밀어 넣는 자신을 발견하기도 한다. 휴가를 떠난 첫날에, 여전히 일 생각에 사로잡힌 채 낙원 같은 휴가지를 몽상가처럼 배회하기도 하고, 케이크를 만들면서 설탕 대신 소금을 넣기도 한다.

나는 아이를 키울 때 충분히 관심을 기울이지 않았다고 후회하는 사람들을 많이 알고 있다. 고객의 신호를 재치 있게 간파하지 못해서 성공하지 못한 판매원도 많이 보았다. 무엇보다도 몸이 보내는 경고인 통증에 좀 더 주의를 기울이지 못한 것을 후회하는 사람들을 알고 있다. 반대로 주의 깊게 행동한 것을 후회하는 사람은 아직 만나지 못했다.

물론 사람들은 자신을 조종하려 하고 주의를 다른 곳으로 유도하는 온갖 영향에 그대로 노출되어 있다. 당신이 갈등하는 상황에서 누군가가 당신에게 결정할 것을 요구한다고 가정해보자. 그 압박에 굴복하여 결정을 내리면, 그 결정은 재앙이 될 수 있다. 당신은 스트레스를 받아서 제대로 집중하지 못했다고, 그래서 잘못된 결정을 할 수밖에 없었다고 변명할 것이다. 이것이 전형적인 희생자 이야기이다! 하지만 상대가 결단을 요구하는 그 순간 당신은 이렇게 말할 수도 있었을 것이다.

"나는 결정을 내리지 않겠소. 지금은 자신이 없으니, 그것에 대해 좀 더 깊이 생각해보겠소."

결정하기 힘든 순간에는 결정을 미룰 수 있어야 한다.


## 길과 목표에 대하여

사람들의 인생 계획은 발전이라는 또 다른 이념, 즉 시간적인 여러 목표에 맞추어져 있다. 과거는 재앙이요, 현재는 절대로 만족스럽지 않다는 것이다. 그렇다 보니 당연히 눈길은 긴장을 유지한 채 미래를 향해 있다. '무조건 목표 달성', 이것이 인생 계획의 슬로건인 경우가 드물지 않다. 주말, 휴가의 시작, 새 자동차, 승진, 좀 더 넓은 집, 연금….

그런데 그곳으로 가는 길은 종종 과소평가되고, 목표 달성의 방법은 도외시된다. 목표에 집중하느라 현재를 희생한 채 미래에 우선순위를 부여한다. 현재는 아예 사라져버리고 목적이 수단을 정당화한다.

이런 관점에서는 인생이란 그저 준비에 불과하다.

"먼저 이 목표를 달성하면, 그다음에….''

"이번에 승진하게 되면, 이후에는….''

"정년퇴직해서 연금을 받게 되면, 그때는….''

높은 직급에 좋은 보수를 받던 마흔가량의 한 여성이 대학에서 공부를 하려고 회사를 그만두었다. 그녀는 자신이 겪은 특이한 경험을 들려주었다.

"누구하고 이야기하든 내가 공부에 관해 화제를 꺼내면, 다들 곧장 '그래서 그다음에는?' 하고 묻더군요.''

그녀가 하려는 공부에 관심을 두는 사람은 거의 없었다. 공부는 단지 목표를 위한 수단이자 준비일 뿐이라고 사람들은 생각한다. 대학 공부는 그 공부를 끝냄으로써만 가치를 갖게 된다. 치워야 하고, 거쳐 가야 하는 장애물로 생각하는 것이다.

고등학생은 대학 입학시험을, 대학생은 졸업시험을, 신입사원은 임원을, 대표이사는 은퇴 후에 연금으로 누리는 여유로운 취미생활을 생각한다. 많은 사람이 미래를 보려고 한껏 발돋움한다. 지금 자신을 둘러싸고 있는 풍요로움은 보지 못한 채 말이다.

자신에게 물어보라.

"나는 과연 목표를 달성할 수 있는가?''

당신은 목표를 달성할 수 없다. 목표는 달성하는 것이 아니라 깨

뜨릴 수 있을 뿐이다. 당신은 어쩌면 운전면허증을 땄고, 마침내 집도 한 채 가졌고, 이상적인 파트너와 결혼도 했을 것이다. 이제 무엇을 할 것인가?

언제나 '앞을 바라보는' 사람들은 한 가지 공통된 경험을 하게 된다. 자신이 원하던 것을 마침내 얻은 뒤에 느끼는 '공허함'이다. 그러면 그들은 새로운 목표를 찾는다. 다시 자신이 이상적이라고 생각한 어떤 상태를 뒤쫓는다. 그들은 자신이 존재하는 현재에 머무는 법이 없다. 그들의 생각은 언제나 다른 어느 곳에 있다.

그러니 목표에 도달한다는 것은 곧 새로운 목표를 찾는다는 뜻이다. 앞으로! 앞으로! 다음 판을 향해서! 사회적으로 매우 성공한 것처럼 보이는 사람들은 성공이 사람을 슬프게 만든다는 것을 경험을 통해 알고 있다.

이 주제와 관련하여 내가 지금까지 본 것 중에서 가장 재치 넘치는 말은 에센 시내의 한 술집 벽에 걸린 "내일은 맥주 공짜!"라는 구절이다. 그 술집은 언제나 만원이었다.


**순간을 활용하라!**

미래에 대한 기대가 너무 큰 사람은 자신이 이미 갖고 있는 좋은 것들을 대수롭지 않게 여긴다. 그는 자신을 늘 불행하게 만든다. 지금 이 순간을 충분하지 못한 것으로 단정하기 때문이다.

> 지금 있는 그대로의 인생과
> 앞으로 되어야 할 인생을 구분하는 것은
> 자기기만이다.

행복한 삶을 살기 위해서 꼭 알아야 할 것이 있다. 우리가 체험할 수 있는 것은 현재라는 둥둥 떠다니는 한 지점뿐이라는 사실이다. 현실과 유일한 접점을 형성하는 것은 '순간'이다. 순간이 현실의 전부다. 과거는 지나갔고, 미래는 개인의 의식적 체험 속에는 절대 존재하지 않는다. 만약 미래를 체험할 수 있다면 그 미래는 곧 현재일 것이다.

자기 에너지를 '지금 여기'에 집중하는 것을 배우지 못한 사람은 나중에 도달할 현재도 의식적으로 체험할 수 없다. 고대 그리스의 금언 중에 이런 말이 있다.

"바보의 인생은 만족스럽지 않고 불안으로 가득 차 있다. 그의 인생은 현재가 아니라 미래에 가 있다."

현재를 살아간다는 것은 가장 어려운 일에 속한다. 사람들은 늘 현재의 앞을 지나쳐 달아나, 미래를 향해 질주하며, 저 멀리 있는 장밋빛 시대를 꿈꾼다. '지금'은 없다. 언제나 춤추며 거기를 지나쳐버릴 뿐, 꼭 붙들고 몸을 맡기는 일은 거의 없다.

"아니, 내 나이가 벌써 쉰이라니!"

이 말이 의미하는 바는, 이제는 너무 늦었고 지금까지 있었던 모든 일은 말하자면 '헛된 것'이었다는 뜻이다. 이는 한 가지 목표만 좇는 단선적 인생관에 딱 들어맞는 말이다.

그러나 이렇게 말할 수도 있다.

"내 나이 이제 겨우 쉰 아닌가!"

그곳에 도달하는 것이 아니라 그곳으로 가는 길 자체를 목표로 선언하는 것이다. 그러면 '발전'의 의미가 달라진다. '더 좋은 것'이 아니라 '다른 것'이 발전을 의미하게 된다.

당신은 자신이 지닌 가능성 중에서 어떤 것을 지금까지 사용하지 않은 채 내버려 두었는가? 당신은 인생의 어떤 시기에서든 결단하여 변화할 수 있는 가능성을 지니고 있다. 이런 생각만이 당신에게 중요한 변화를 시작할 힘을 준다. 열린 세계로 인도하는 것은 '나는 누구인가?'가 아니라 '나는 또 누구일 수 있는가?' 하는 질문이다. 자기가 할 수 있는 것만 하는 사람은 이미 존재하는 그대로 머무를 뿐이다.

당신이 스물다섯 살 무렵이었을 때를 기억하는가? 대학에서 몇 학기 공부를 마치고 난 다음일 수도 있고, 한동안 고심한 끝에 그 공부가 자신에게 맞지 않다고 인식했을 수도 있다. 그러나 당시에는 전공을 바꾸기에 너무 나이가 들었다고 느꼈을 것이다.

"처음부터 다시 시작하기에는 너무 늦었잖아."

그러나 지금 생각해보면 그때 당신은 모든 것이 가능한 나이였다. 그런데 오늘은 다르단 말인가? 당신보다 스무 살쯤 나이를 더 먹은 사람의 관점에서 지금의 당신을 본다면 어떨까? 지금 이 순간 모든 것이 다 가능하지 않겠는가?

"하지만 이 나이에 다시 법학 공부를 시작한다면, 공부를 마쳤을 때 내 나이가 마흔다섯 살이 된단 말이야!"

그러면 이렇게 반문해보자.

"만약 당신이 그 시간에 공부를 하지 않는다면 당신 나이는 몇 살이 되어 있을까?"

"마찬가지로 마흔다섯 살이지."

"그렇다!"

수많은 사람이 여든 살이 되어서야 비로소 땅에 묻힌다. 변화는 언제나 가능하다. 이 인생은 당신에게 주어진 유일한 인생이다. 그러니 뭘 더 기다리는가?

**길이 곧 목표다.**

이 말을 앵무새처럼 따라 하기는 해도 실제로 그렇게 사는 경우는 매우 드물다. 일탈, 즉흥성, 우회로…. 그때그때 상황에 따라 다양한 일들을 해내면서 계속 자기를 발전시켜가야 한다. 그래야 자신이 지닌 능력보다 우수한 일 처리 능력을 갖추게 된다. 곧장 가지 않고 빙 둘러 가면 장소에 대한 지식이 더 많아지는 법이다.

행복한 사람은 미래를 바라보지 않는다. 현재에 모든 에너지를 쏟을 뿐 내일을 생각하지 않는다. 영화 〈죽은 시인의 사회〉에 나와서 널리 알려진 '카르페 디엠Carpe Diem, 현재를 즐겨라'이라는 호라티우스의 말은 '자기 책임'의 전제로서 '순간'의 의미를 강조한다.

자신이 내일도 살아 있을 것이라는 사실을 어떻게 알 수 있단 말인가? 그러니 '지금'을 자신이 가진 유일한 시간으로 여기고 붙잡는 것이 더 현실적이다. 하지만 사람들은 자신의 삶을 마치 보험계약처럼 생각한다. 오늘 뭔가를 주면 나중에 뭔가를 받을 수 있다고 생각하는 것이다. 예컨대 많은 사람이 건강상의 이유로 운동을 한다. 그렇게 함으로써 자신의 기대수명을 늘릴 수 있다고 믿기 때문이다. 심장마비의 위험성을 줄이려고 아무런 재미도 느끼지 못한 채 운동장을 몇 바퀴씩 돌며 자신을 괴롭힌다. 그런데 몇 년 더 사는 것보다 중요한 것들이 있다. '지금' 즐거운 일을 하고 '지금' 행복한 삶을 사는 것이다. 과거와 미래는 행복해지는 데 아무런 기여를 하지 못한다. 미국 속담에 이런 말이 있다.

"인생이란 당신이 다른 것을 계획하는 동안 당신에게 일어나는 일이다."

그러나 사람들은 더 나은 내일을 기다리며(그들은 늘 휴일, 주말, 휴가, 승진, 은퇴 후의 연금생활 등을 기다리고 있다), 인생을 계획하고 '준비'할 뿐이다. 당신이 독일 북단 함부르크에서 출발해 남단의 뮌헨까지 가기로 계획했다고 해보자. 그것이 목적인가? 오로지 목적지에 도착하는 것이 목적인가? 그렇다면 인생에서 '여기 있음'의 기쁨과 '지금'의 가치는 사라지고 만다.

당신이 얼마나 많은 시간을 일터에서 보내는지를 생각해보라. 자신이 하는 일에 의욕을 잃은 채 자신이 가진 에너지의 일부만 쏟고 있다면 당신은 자신을 기만하는 것이다. 만약 책상에 앉아 하와이 여행을 꿈꾸고 있다면 당신은 책상에 앉아 있는 것도 아니고, 하와이에 있는 것도 아니다. 그것은 자신을 속이는 일이다.

진정한 여행가에게는 목표가 아니라 방향이 있을 뿐이다. 그는 어디를 향해 가는 것이 아니라 자신이 늘 다른 곳에 있음을 발견한다. 그는 목적지에 도달하기 위해서가 아니라 거리를 발견하기 위해 여행한다. 그래서 때로는 길에서 벗어나기도 한다.

물론 목표를 완전히 포기하라는 뜻이 아니다. 목표는 방향을 정할 수 있게 해주고 에너지를 결집시켜 준다. 또 우리는 위험을 차단하기 위해 어느 정도 결과를 예상할 필요도 있다. 책임 있게 행동한다는 것은 자신이 어디로 가는지, 즉 목표를 알고 있다는 의미를 포함한다.

여기서 논하고자 하는 것은 '지금'에 투자하는 에너지, 당신이 '순간'을 체험할 때 쓰는 그 에너지이다.

중요한 것은 현재의 과업과 지금의 경험에 의식을 집중하여 다른 곳으로 새지 않도록 하는 능력, 또 삶이라는 여행을 즐기는 능력이다. 오직 목표를 달성했을 때만 행복과 만족을 느끼는 사람, 타의에 의해 하나의 목표를 추구하는 사람은 '지금, 이 순간'을 온 힘을 다해 마주하고 있지 않은 것이다. 에너지의 일부를 늘 다른 어느 곳, 내일에 쏟는 것이다(우리 부모 세대는 더 나은 미래를 위해 '허리띠를 졸라맨다'고 표현하였다). 그들은 오직 나중에 무언가를 얻기 위해 일을 한다. 현재 가치가 아니라 환매 가치에 따라 사는 것이다.

그들은 '지금'을 '아직 아닌' 상태로, 따라서 결함이 있는 것으로 생각한다. 바로 그것이 진정한 확신이 없는 행위와 최적이 아닌 결과 그리고 결국 목표에 도달하는 데 실패하는 원인이 된다.

에너지를 '지금'에 집중하라는 말이 미래를 생각하지 말라는 뜻은 아니다. 앞으로 일어날 일을 예상하는 것은 현재 상황이 평가절하되지 않는 정도에 머물러야 한다. 미래에 대비하느라 주의력이 흐트러지거나 불안에 빠져서는 안 된다.

행복한 삶의 전제조건은 지금 하고 있는 행위에서 기쁨을 느끼는 것이지, 그 최종 결과가 아니다. 오히려 직접 체험하는 동안 느끼는 기쁨, 즉 과정의 즐거움이 예상하지 못한 성과를 이끌기도 한다. 또 이러한 즐거움은 에너지의 집중도에 달려 있다. 세계적인 테니스 스타 피트 샘프라스는 성공의 비결을 묻는 말에 이렇게 답했다.

"저는 시합을 이기겠다거나 한 세트를 따겠다는 생각을 하지 않습니다. 단지 매 순간 한 점을 얻으려고 애쓸 뿐입니다."

다음 우화도 '지금'에 집중해야 하는 이유를 잘 보여준다.

수많은 일을 거뜬히 해내는 사람에게 누군가가 이렇게 물었다.

"그렇게 많은 일을 하는데 어떻게 항상 집중을 잘할 수 있나요."

"나는 서 있을 때 서 있고, 앉아 있을 때 앉아 있습니다. 길을 갈 때 길을 가고, 먹을 때는 먹고, 말할 때는 말을 합니다."

질문한 사람이 "그거야 우리도 다 하는걸요"라며 끼어들어 그의 말을 끊었다. 그러자 그가 이렇게 답했다.

"그렇지 않습니다. 당신들은 앉자마자 일어서고, 일어서면 곧 달립니다. 또 달리기 시작하면 이미 목적지에 가 있습니다."

우리는 매일 부산하게 시간을 보내는데도 목표를 이루지 못하고 그저 일찌감치 종점에 다다를 뿐이다. 우리 인생은, 지금 이 순간에 진행되고 있다. 그러니 목적지에 도달하려고 억지로 애를 써서는 안 된다. 우리의 진정한 인생은 내일 또는 다른 어떤 날에 시작하는 게 아니라, 바로 오늘, 지금 이 순간에 존재한다. 아랍의 옛 현자는 이렇게 말한다.

> 진정한 길은 변하지 않고
> 그대로 있다.

## 지금 여기에서 살기

만약 당신이 여기가 아니라 저기에, 또 지금이 아니라 그 이전 혹은 나중 어딘가에 있다면 당신은 인생이 아니라 인생 언저리에 살고 있는 것이다. 그렇다면 당신은 환상 속에서 사는 것이다. 지금 여기에서 산다는 것은, 부분적이 아니라 온전히 삶 속에 있음을 의미한다. 지금 하는 일에 모든 에너지를 쏟으면 두려움과 걱정도 줄어들게 된다. 어떤 환경이나 조건 속에서도 우리는 현재의 순간을 사랑해야 한다.

"더 잘난 부모를 만났더라면….."

"그때 페터랑 결혼했더라면….."

"다른 나라에서 성장했더라면….."

"잘나갈 때 돈을 아꼈더라면….."

이렇게 후회하는 것은 무의미하다. 과거를 존중하고 지난 일은 남겨둔 채 '지금, 여기'를 살아야 한다.

"더 이상 빚만 지지 않는다면….."

"내가 사장이 된다면….."

"일단 휴가를 가게 되면….”

"만약 복권에 당첨된다면….”

"목표치만 달성한다면….”

이렇게 미래의 행복을 좇는 것도 무의미하다. 행복은 다른 어떤 곳, 미래의 언젠가가 아니라 '지금, 이곳'에 존재한다.

"사실 내가 뭘러보다는 더 낫지."

"클라우디아 쉬퍼 정도의 미모만 갖췄어도."

"세상의 많은 굶주리는 사람들을 생각하면, 나는 꽤 행복하다는 생각이 들어."

이런 식으로 다른 대상과 비교하다 보면 '지금 여기'에 집중할 수 없다. 행복의 비교 대상은 오직 자기 자신이어야 한다.

"내가 멍청한 실수를 했다는 사실을 도저히 받아들일 수가 없어."

"그때 좀 더 조심했어야 하는데."

"나는 지금도 여전히 죄책감을 느껴."

"내가 무능하다는 생각이 계속 나를 따라다니고 있어."

이런 식으로 자신을 탓하는 말은 행복과 멀어지게 한다. 남에게 책임을 전가하는 것과 마찬가지로 자신에게 불필요한 책임을 지우는 것 역시 행복한 인생에 방해요소가 된다. 그런 감정은 마치 무거운 배낭처럼 우리를 뒤로 잡아당겨 '지금 여기'에 있지 못하게 한다. 만약 당신이 잘못을 저질렀다면 어떻게 해야 할까? 먼저 그 결과를 분명하게 직시하고 대가를 치러야 한다. 그다음에는 그것과 작별해야 한다. 자기 책임을 다한 뒤 새로운 길을 가야 한다. 만약 계속 괴로움에 굴복하여 세상을 배회한다면 그것은 누구에게도 도움이 되지 않는다. 자기 자신에게도 새로운 기회를 제공해야만 한다.

# 성공이란 뭔가에 뒤따르는 것

**행복의 조건**

행복의 비밀은 매 순간을 마지막인 것처럼 사는 것이 아니라, 처음인 것처럼 사는 것이다. 행복한 사람은 행복을 소망으로 여기는 게 아니라, 지금 자신이 적극적이고 주도적으로 행동함으로써 얻을 수 있는 것으로 여긴다.

그러나 행복 그 자체를 목표로 삼을 수는 없다. 우리는 늘 서로 행복을 확신시켜주려고 하지만, 행복하다고 확신하는 것은 쉽지 않다. 우리는 행복을 간접적으로 경험할 수 있을 뿐이다. 말하자면 행복은 일종의 부산물이다. 우리가 알고 있는 행복은 적극적인 행위, 자기 책임하의 삶, 분명한 결단 등에 뒤따르는 현상이다.

행복은 일시적인 만족감과는 다르다! 꾸준한 노력, 난관의 극복, 장애물 제거 같은 과정을 거쳐야 얻을 수 있다. 오직 힘의 성장을 통해, 강력한 교류를 통해, 타인과의 관계에서 주고받음을 통해서만 행복을 얻을 수 있다.

행복해지기 위해서는 몇 가지 조건이 전제되어야 하는데, 그것은 때때로 강한 반발심을 일으키기도 한다. 예컨대 행복해지려면 '규율과 집중'이 필요하다. 만약 평일 출근 전에 조깅하기로 결정했다면 일주일에 5일은 일찍 일어나야 한다. 무슨 일이 있어도 그 결정을 실천해야 한다. 물론 내면에서는 그걸 막으려는 목소리가 올라온다. 이른바 '내면의 타성'이다.

'어젯밤에 너무 늦게 잠자리에 들었잖아.'

'오늘 아침에 장대비가 쏟아지고 있는데?'

'이부자리가 이렇게 푹신하고 아늑한데?'

그 누구도 당신에게 그런 의무를 지라고 강요하지 않았다. 스스로 선택했고 당신이 결정을 내렸다. 만약 지금 그 결심을 꺾는다면 심리적으로 타격을 입을 수 있다. 당신의 자존감이 손상되는 것이다. '나는 의지가 박약해'라는 생각은 또 다른 실패의 전제가 된다.

자기 규율 없이는 어떤 문제도 해결할 수 없다. 그것은 모든 종류의 학습과 성장에 필수적이다. 테니스 선수인 슈테피 그라프는 한 인터뷰에서 이렇게 말했다.

"훌륭한 테니스 선수가 될 자질을 갖춘 사람은 많아요. 하지만 거기에 필요한 규율을 갖춘 사람은 별로 없어요."

내가 오랫동안 관찰한 바에 따르면, 어떻게 하면 성공하는지는 다들 알고 있다. 그러나 여러 반대의견이나 저항에 굴하지 않고 고집스러울 정도로 꿋꿋하게 그것을 실천하는 사람은 극소수에 불과하다.

다시 강조하지만, 여기서 다루는 것은 '자기 규율'이다. 타인에 의한 규율은 학교나 직장생활의 규율처럼 대개 제대로 작동하지 않고 장기적으로 확실한 구속력을 갖지 못한다. 결국 스스로 규율을 따르기로 결정해야 한다. 자신을 위해 그 길을 선택해야 하는 것이다.


### 뮌히하우젠 남작의 속임수

규율 없이는 아무것도 이룰 수 없다. 또 아무리 규율이 많아도 목표를 놓치거나 소망을 충족시키지 못할 가능성은 언제나 존재한다. 물론 그 누구도 실패하기를 바라지는 않는다. 그러나 실패의 가능성을 배제하려 한다면, 동시에 성공도 막아버리게 된다. 자기 인생에 대한 책임을 떠맡는다는 것은 어떤 결정을 하든 그것을 분명히 의식한다는 뜻이다.

그러므로 실패할 준비 없이는 행위할 수 없다. 잃어버릴 각오가 되어 있지 않은 사람은 늘 나약하다. 잘못을 짓지 않고 살겠다는 사람은 이미 죽은 사람이다.

고통은 피해야 할 그 무엇이 아니라 매우 생산적인 것이다. 자기 신뢰와 관련된 모든 연구는 뮌히하우젠 남작의 (허풍스러운) 여러 모험담 중 가장 짧은 이야기가 사실임을 명쾌하게 증명해준다. 그가 자신의 머리채를 위로 끌어당겨 자기가 탄 말과 자신을 늪에서 구해 냈다는 그 이야기 말이다.

자기신뢰는 보살핌과 안락함 속에서는 성장하지 않는다. 오로지 자기 힘으로 패배와 위기에서 벗어난 경험, 말하자면 스스로 '늪에서 빠져나온' 경험을 통해서만 성장한다. 자기신뢰는 그 누구도 우리에게서 빼앗아 갈 수 없는 중요한 가치이자 우리가 늘 지니고 있는 능력이다.

**뮌히하우젠 남작**
독일 태생으로, 러시아군에 들어가 1750년까지 오스만 튀르크와의 전쟁에 참가했다. 이후 허풍과 거짓말로 가득한 자신의 모험담을 책으로 펴내, 그의 이름은 떠버리 거짓말쟁이의 대명사가 되었다_역자

# 이상적이어야 한다는 부담

　모든 결정, 문제, 갈등은 성장할 수 있는 기회이다. 그러나 그것들은 종종 고통과 거부를 수반하기도 한다. 우리로 하여금 결정하기 어렵게 만드는 것은, 고통 없이 쉽게 할 수 있어야 한다는 환상이다. 사람들은 이상적인 일터, 이상적인 사장, 이상적인 배우자가 자신을 기다리고 있다는 상상에 집착한다.

　합의를 지킨다는 것은 간단한 일이 아니다. 특히 자신과의 합의가 그렇다. 게임의 규칙을 지키는 것도 쉽지 않다. 규칙을 깨는 것이 자율로 간주되는 시대에는 특히 더 그렇다. 만만찮은 과제와 난관,

익숙한 습관과 관행을 버리기, 그리고 과거의 사고방식이나 행동방식에서 벗어나는 것. 이 모든 것을 많은 이들이 불편하게 여기고 피하려고 한다. 그래서 우리는 결정하지 않은 채 내버려 두려고 한다. 더 이상 피할 수 없는 시점까지 결정하는 것을 미룬다. 가능성 하나를 포기하는 게 아니라 모든 것을 한꺼번에 가지려고 하는 것이다. 이런 태도에는 큰 대가가 따른다. 머뭇거리는 동안 우리는 좋은 기회를 놓쳐버린다. 결정을 미루면 좌절감이 쌓이고 시간이 지날수록 점점 더 지치게 된다.

큼직한 확대경을 들고 문제거리를 찾는 것, 국그릇 속에서 머리카락을 찾는 것, 자신이 지금 가지고 있지 않은 것을 열망하는 것은 행복을 파괴하는 대표적인 특성이다.

결정하는 것, 즉 하나를 선택하는 것이 그토록 어려운 이유는 선택하지 않은 다른 가능성을 포기해야 한다는 사실 때문이다. 이것이 모두가 알고 있는 '결정 장애' 상황이다. 뮌헨의 직장을 선택해야 할까, 아니면 함부르크에 있는 직장을 선택해야 할까? 이 사람과 결혼할까, 아니면 저 사람과 하는 게 나을까? 휴가를 산으로 갈까, 아니면 바다로 갈까? 차를 지금 살까, 아니면 몇 년 더 버텨볼까?

선택한다는 것은 한쪽 문을 닫는 것을 의미한다! 사람들은 종종 자신이 선택하지 않은 것을 깎아내림으로써 실패에 대한 불안을 줄이려고 한다.

"어차피 그렇게 되지 않았을 거야!"

"무슨 일이 기다리고 있었을지 알 게 뭐야!"

하지만 이런 방식은 옳지 않다. 일단 모든 가능성을 명확하게 인식한 뒤 하나를 선택해야 그 선택이 비로소 힘을 갖게 된다. 그렇지 않으면 그것은 선택이 아니라 도피이다. 스스로 선택에 따르는 비용을 수긍해야만 비로소 자신의 결정에 가치가 생기게 된다.

현명한 여성인 케어스틴은 여러 차례 실망스러운 경험을 한 끝에 마침내 자신이 '꿈꾸던 남성'을 찾았다. 그는 매력적이고, 교양 있고, 사랑스러웠다. 그런데 결혼한 후 아이 문제로 갈등이 생겼다. 그녀는 마음 깊이 아기를 원했지만, 남편은 그렇지 않았다. 이로 인해 그녀는 심각한 딜레마에 빠지게 되었다. 이 상황이 누구의 책임인가? 남편 잘못이라고 비난해야 하는가, 아니면 자신의 선택에 스스로 책임을 져야 하는가? 그녀는 후자를 선택했다. 아기를 갖겠다는 소망을 접은 것이다. 처음에는 아픔이 없지 않았다. 하지만 곧 단호한 태도를 유지했다. 그녀는 새로운 선택을 한 것이다. 자신이 꿈꾸는 이상적인 인생에 무엇이 빠졌는지를 분명히 인식한 가운데 말이다.

사람들은 지금 자신이 가진 것보다 더 많은 것을 원한다. 수많은 청구서가 아직 결제되지 않은 상태이다. 예컨대 우리는 늘 이상적인 상황을 기대하며 주변의 모든 것에 기대를 건다. 배우자, 친구, 자식, 정치가, 휴가지, 날씨에 말이다. 또 그런 다음 조금은 은밀하게, 상대가 자신의 이상을 실현해주기를 기대한다. 그러나 그들은 그렇게 하지 않는다. 그들은 우리가 원하는 만큼 그렇게 완벽하지 않다. 그들은 자기 인생을 살아간다. 우리의 요구는 그저 그들이 받는 갖가지 요구 중의 하나일 뿐이다. 그러면 우리는 애정을 거두어들임으로써 그들을 징벌한다. 그들이 우리가 원하는 존재가 아닌 것에 대해 은밀하게 앙갚음하는 것이다. 우리는 충족되지 않은 기대의 주변을 맴돌며 두리번거린다.

어떤 연구자들은 많은 부부가 파경을 맞는 것이 상대에 대한 과도한 기대 때문이라고 분석한다. 사람은 하나의 관계에서 행복의 최대치를 찾으려 하는데, 그것이 충족되지 않으면 시무룩해져서 차라리 그 관계를 끝내고 새로 시작하려고 한다는 것이다.

많은 사람이 자기 파괴적 분노에 사로잡혀, 온 세상이 자신의 기준을 따라야 한다는 턱없는 요구를 한다. 그들은 끊임없이 국그릇 속에서 머리카락을 찾는다. 심지어 국그릇을 앞에 두고 '머리카락아, 떨어져라' 하며 자신의 머리를 흔들어대는 사람도 많다.

그러나 이 게임에서는 모두가 패자다. 이상은 강력한 파괴력을 지닌 뾰족한 끝을 갖고 있기 때문이다. 이상은 우리가 이미 가진 것을 보지 못하게 만들기 때문이다. 이상은 우리가 이룰 수 없는 것에 대해 환상을 갖게 하기 때문이다. 입을 옷이 가득한 옷장 앞에서 늘 입을 게 없다며 한숨을 내뱉는 사람들처럼 말이다.

이들은 다른 새로운 과제에 대해서도 자신의 '후벼 파는' 성향, 잠재적 불만의 성향을 그대로 유지한다. 자신이 문제라는 것은 인식하지 못한 채, '제대로 된' 직장, 이상적인 직업을 움켜잡으려고 끊임없이 이 회사, 저 회사로 옮겨 다니는 사람들을 보면 참으로 놀랍다. 또 배우자를 이 사람에서 (대개는 이전의 배우자와 거의 비슷한) 저 사람으로 바꾸는 수많은 사람도 놀랍기는 마찬가지다. 그들은 짝을 바꾸고 얼마 지나지 않아서 '내게 딱 맞는 배필이 아니'라는 이유로 다시 헤어진다. 그들은 자신에게 문제가 있다는 것을 모른 채 늘 상대가 부족하다고 여긴다. 그러나 그들을 위해 준비된 지상낙원은 그 어디에도 없다.

이상을 좇는 괴로움을 베를린 출신의 언론인이자 작가인 쿠르트 투홀스키보다 더 멋들어지고 정확하게 표현한 사람은 없다. 그는 1927년에 다음과 같은 시를 발표하였다.

이상理想

그래, 그게 자네가 원하는 거지.
초원 위의 별장, 널따란 테라스가 딸린,
앞으론 발트해, 뒤론 프리드리히 거리.
멋진 전망에, 시골풍이면서도 세련된,
욕실에서는 최고봉最高峰 추크슈피체가 보이고,

그러나 저녁에 영화관에 갈 수 있는 곳.


전체는 단출하고 수수하게,

방은 아홉 개, 아니 열 개가 좋겠지!

옥상 정원이 하나, 거기에는 떡갈나무가 우뚝 서 있고,

라디오, 중앙난방, 진공청소기,

잘 차려입은 말 없는 시종,

아름다움과 열정 머금은 고운 한 여인―

(또 한 여인은 주말을 위해서, 비축용으로)―,

서재 하나와 거기에 딸린 모든 것들

고독과 어리뒤영벌의 윙윙거림.

마구간에는 조랑말 두 마리, 혈통 좋은 수말 네 마리,

자동차 여덟 대, 오토바이―물론 모두

자네가 직접 몰지―그렇지 않다면 남들이 웃을 일!

또 간간이 자네는 큰 사냥에 나서기도 하지.


그래, 그걸 내 완전히 잊고 있었네.

가장 잘 차린 음식상―최고급 음식―

멋진 잔에 담긴 묵은 포도주―

그러면서도 자네는 늘 뱀장어처럼 늘씬하지.

그리고 돈. 장신구도 적정량.

그리고 다시 백만금에 또 백만금 더.

그리고 여행. 그리고 즐거운 인생의 다채로움.

그리고 영특한 아이들. 그리고 영원한 건강.

그래, 그게 자네가 원하는 거지!

하지만 그게 어떻게 이승에서 그렇겠나.
이따금은 마치 그게 그렇게 주어진 것처럼 보이기도 하지
다만 천천히, 지상의 행복.
자네에겐 늘 뭔가 하나 부족하네.
돈이 있으면, 집이 없지.
아내가 있으면 돈이 없고―
기생이 있으면 부채가 거치적거리지.
곧 우리가 마실 포도주가 떨어지고, 곧 술잔이 부족하네.
늘 뭔가가 있어.

진정하게, 자네.

모든 행복에는 자그마한 흠이 있는 법.
우리가 원하는 것은 그렇게도 많네. 가짐. 있음. 그리고 통함.
한 사람이 모든 것을 갖는다는 것,

그건 드문 일이지.

(출처: 투홀스키 전집. Kurt Tucholsky, *Gesammelte Werke*, Reinbek: Rowohlt, 1960.)

불행 중 다행으로, 우리는 두 번째로 좋은 가능성, 차선의 대안을 갖고 있다. 그것을 잘 지켜야 한다. 수고로움 없는 행복이 꿈이듯, 완전한 것은 인간으로서는 불가능한 일이다. 둘 다 이 세상의 것이 아니다. 그래서 '전부 혹은 전무'는 우리에게는 실행 가능한 구호가 아니다. 완전한 것을 바라며 불완전한 행복을 인정하지 않는 사람은 자신을 행복하게 하는 게 아니라 미치게 만든다.

사람들은 때때로 직장, 배우자 또는 살고 있는 도시를 바꿈으로써 자기가 지금 갖고 있는 것보다 더 훌륭하고 더 나은 것을 얻을 수 있다고 믿는다. 그래서 만족과 인정과 안락으로 가득한 인생을 꿈꾸며 옛것과 작별한다. 짐을 싸서 새로운 곳으로 떠난다. 그런데 새로운 상황 속에서 잠을 깨 보니 거기에는 자신이 뿌리치며 도망쳤던 자아가 변함없이 그대로 있다. 새로운 장소나 한 번도 가보지 않은 먼 나라를 여행하고 돌아오면 더 행복해지리라는 기대는 여지없이 무너진다. 우리가 어디를 가든 우리의 자아는 늘 우리를 따라다닌다. 만약 외부의 변화를 통해 자신이 갖고 있지 않은 뭔가를 찾는다 하더라도 상황이 바뀐다면 우리는 금방 다시 새로운 것을 찾아 나서게 될 것이다. 그런 환상이 당신을 사로잡으려고 한다면 이 말을 기억하라.

> 당신을 행복하게 해주려고
> 존재하는 사람은 없다.

지금 당신은 자신의 직업과 현재 상황에 만족하지 못하는가? 인생에서 결정적인 것을 놓쳤다는 느낌에 사로잡혀 있는가? 진정한 삶은 어딘가 다른 곳에서 전개되고, 자신이 엉뚱한 역驛에 서 있다고 느끼는가? 그런데도 지금 자기에게 닥친 문제를 해결할 생각은 하지 않고 늘 바깥으로만 눈을 돌리고 있는가?

그렇다면 당신은 자신의 선택에 스스로 책임을 져야 한다는 사실을 잊어버린 것이다. 또 현실에서 완전히 이상적인 상황은 존재할 수 없다는 것을 망각한 것이다.

자신의 바깥에서 원하는 것을 구하는 사람은 이 세상 최고의 배우자조차도 기껏해야 2등 정도로만 여길 것이다. 그의 목적은 구하는 것이지 얻는 것이 아니다. 곧 그는 다시 길을 떠날 것이다. 미국의 사상가 랄프 왈도 에머슨은 이렇게 말했다.

"여행은 바보들의 낙원이다."

# 스스로 결정하며 사는 인생

### '나'는 하나의 결정

철학자 마르틴 하이데거는 대표작인 《존재와 시간》에서 이런 문제를 제기한다. 나는 언제 온전히 나 자신인가? 나는 언제 나를 온전히 '나 자신'으로 경험하는가? 나는 언제 온전히 '실재'하는가?

그의 답은 '순간에'였다. 그리고 그는 대다수 사람에게 삶은 그저 '일어난다'고 하였다. 마치 흐르는 강물처럼 삶이 인간 존재의 가장자리를 지나쳐 간다는 것이다. 그에 따르면 인간은 그저 바라보기만 할 뿐 관여하지 않고, 무기력한 자세로 인생이라는 강을 표류하는 존재이다.

　그러나 우리는 매 순간 새로 상황을 포착할 수도 있고, 자기 의지로 지금 자기가 하고 있는 일을 결심할 수도 있다. 이렇게 결심한 가운데, 전에는 닫혀 있던 뭔가가 열리게 된다. 바로 '자기 자신'이다. 그러므로 의지를 갖고 결정함으로써 우리는 늘 새로운 자신을 만날 수 있는 것이다. 의지와 정체성 사이에는 밀접한 결속관계가 존재한다. '내가 하기로 (결정)하면 나는 할 수 있다.' 이것이 정체성의 본질적인 경험이다.

　의지는 자의식의 핵심이다. 결단하겠다는 의지 속에서만, 자기 내면에서 에너지가 나올 때만 우리는 자신을 온전히 '자기 자신'으로 경험하고, 실재하는 존재로 여긴다. 어떤 것을 하겠다는 의지를 갖고 결심할 때만 우리는 저항에 직면하기 때문이다. 이런 경험을 통해서 비로소 자아와 외부 세계의 대립이 생기며, 자신을 남과 다른 '나'로 여기게 되는 것이다.

　당신을 현재의 당신으로 만들어주는 것은 외부 환경이나 조건이 아니다. 그것은 당신이 어떤 존재가 되기로 결정했는지를 보여줄 뿐이다. 당신의 '자아', 당신의 정체성, 사람들이 강한 개성이라고 부르는 것은 의존성을 버리고 독립적인 존재로 홀로 서는 행위에서 만들어진다.

> 당신은 스스로 책임을 떠맡을
> 준비가 되어 있는 존재이다.

흔히 말하는 자의식은 자기애, 성공 욕구, 돋보이려고 하는 행동을 특징으로 한다. 그러나 진정한 자의식은 '나는 ~해야 한다'를 '나는 ~할 것이다'로 바꾸는 것이다. 이러한 자기 의지의 경험은 강력한 자아와 강력한 자의식을 만드는 데 필수 요소이다. '단호함'은 자기가 원하는 바를 정확히 알고, 그것을 할 수 있음을 뜻한다. 즉 내가 그렇게 하는 것은 내가 원해서이다. 이럴 때 우리는 '단호하게 산다'라고 한다.


### 책임 전가는 이제 그만

'자기결정의 제국'에서는 타인이 자기 인생의 운전석에 앉아 있는 일이 더 이상 없다. 운전은 오직 자신이 한다. 인생의 통제권을 자신이 쥐고 있는 것이다. 다른 사람이 자기 인생에 얼마만큼의 영향을 미치게 할 것인지도 자신이 결정한다. 자기결정의 제국에는 자유가 있다. 그러므로 책임도 따른다.

오직 자유만이
책임을 지울 수 있다.

자기결정의 제국에서는 에너지를 자기 내부에서 끌어오기에 상대의 엄지손가락이 위로 향하든 아래로 향하든 개의치 않는다. 자신만의 길을 가는 것이다. 또 자기가 한 일과 하지 않은 모든 일에 대해 스스로 책임을 떠맡는다. 현재 존재하는 모든 것은 자신이 직접 선택하였고, 언제나 스스로 새로운 길을 선택할 수 있음을 의식하고 있다. 이제 책임 전가를 하지 않는다. 한탄과 하소연, 희생자 스토리는 더 이상 없다. "아니~예", "예~니오" 하며 망설이는 어정쩡한 상태도 끝이다.

당신이 자기결정의 제국에서 산다면 오직 당신만이 자신에 대한 권한을 행사할 수 있고 자기 인생을 날마다 새로 결정할 수 있다. 당신은 모든 것을 당신의 자유 의지로 할 수 있다.

만약 당신이 어떤 것을 하지 않는다면, 다른 것이 당신에게 더 중요하기 때문이다. 당신이 그것을 선택하지 않은 것이다. 이제 현실적인 압박은 인정되지 않는다. 만약 누군가가 압박을 가한다면, 그는 바로 당신 자신이다. 현재의 자신은 당신이 날마다 스스로 선택한 결과이다. 이제 당신은 이 모든 것을 정확히 인식하고 있다. 당신은 자신만의 유일한 인생을 살아가고 있다.

"스스로 선택하였다!"

이제 자랑스럽게 선언하라. 좋은 것이든 나쁜 것이든 인생의 책임을 스스로 떠맡아라. 당신 자신이 바로 당신이 되고자 선택한 그것이다. 당신이 그것을 원하는 것이다.

당신은 날마다 새로운 길을 선택할 수 있다. 원하기만 하면 누군가 다른 사람이 될 수 있다. 새로운 상상을 펼칠 수 있고, 새로운 상황을 실현할 수도 있다.

그러므로 당신은 여러 대안 앞에서 눈을 감아서는 안 된다. 편견없이 모든 가능성을 점검하고, 남들의 기대에 휘둘려 자신의 시각이 편향되는 일이 없도록 해야 한다. 자신이 모든 가능성을 원칙적으로 허용할 때만 진정한 의미의 '선택'을 할 수 있기 때문이다. 그렇지 않은 상황에서 한 결정은 결코 힘을 발휘하지 못한다.

말하는 방식도 바꾸어야 한다. 나약한 수동형 표현 뒤에 숨어서는 안 된다. 능동형을 사용하라. 무력한 가정법("나 …해야 하지 않을까")을 명료한 직설법("내가 …을 한다")으로 바꾸어라. 무엇보다도 피해야 할 것은 일반칭을 주어로 사용한 "사람들이 …해야 할 것 같아"라는 식의 표현이다. 이것을 뚜렷한 1인칭 문장으로 대체하라. "그것을 위해 내가 무엇을 해야 하지?"라고 말하라.

만약 뭔가가 마음에 들지 않는다고 하자. 그렇다면 당신은 그것을 바꾸면 된다. 만약 어떤 이유로 지금의 상태를 바꿀 수 없다면,

차라리 떠나는 것이 더 낫다. 원하는 것을 찾을 수 있는 곳으로 떠나는 것이다. 그러나 그것도 불가능하거나, 떠나지 않겠다고 당신이 결정한다고 하자. 그러면 자신이 지금 처한 상황을 있는 그대로 다시 한번 의식적으로 선택하기 바란다! 그것을 완전히 받아들여야 한다. 그 상황을 애정과 열성을 담아 수긍하라. 그 상황과 백 퍼센트 마주 서서 책임을 져라. 엉거주춤한 상태는 끝내버려야 한다. 그것이 옳기 때문이 아니라 도움이 되기 때문이다. 자기가 하는 일은 온 마음을 다해 행하되, 그렇게 하지 않으려면 차라리 내버려 두는 게 낫다. 자신에게 기쁨을 주는 일에 대해서만 단호하게 "예"라고 말하라. 조금이라도 내키지 않는 일은 피하라. 결정하지 못하고 우물쭈물하는 상태와는 작별해야 한다.

이제 행복하기 위해 '어쩔 수 없이' 어떤 목표에 도달해야 할 필요도 없다. 모든 에너지를 자신이 하고 있는 일에 쏟아부어라. 인생은 내일 시작하는 게 아니다. 오늘 펼쳐지고 있다. 어떤 목표에 도달했을 때뿐만 아니라 매 순간 만족감을 맛보라. 준비하느라 소중한 시간을 낭비해서는 안 된다. "…을 위해서", "지금은 아니지만 나중에 한번!"이라는 생각 때문에 현재를 놓치는 일을 더 이상 해서는 안 된다.

> 당신의 유일한 인생은
> '지금 이 순간' 펼쳐지고 있다.

자기 내부에서 에너지를 얻는 사람만이 자신을 통제할 수 있다. 당신의 품위와 자존감은 당신 내부의 힘과 에너지에서 비롯된다. 그것은 어떤 상황이 마음에 들지 않을 때 그 상황을 변화시키기 위해 행위할 수 있게 해준다.

당신이 자기결정의 제국에서 살고 있다 하더라도 일상에서는 부정적인 영향에 노출될 수밖에 없다. 여러 가지 문제, 난관과 실패에서 자유롭지 못하다. 그러나 이제 고통 때문에 쩔쩔매는 일은 없을 것이다. 당신은 어떻게 반응할지 직접 선택할 수 있다. 지금 행위하여 대응하라. 미끄러지는 것은 문제가 아니지만, 엎어져 있는 것은 문제다.

이제 죄책감은 당신에게는 낯선 것이다. 주기적으로 반복되는 '후회'라는 병도 마찬가지이다. 지나온 일들을 진지하게 받아들이되 지나치게 중요하게 여기지는 말아야 한다. "지금 하는 일 뒤에 숨어 있는 게 뭐지?"라는 질문에는 "아무것도 없어!"라고 간단히 답하면 된다. 진리는 발견되는 것이 아니라 만들어지는 것이다. 자신의 과거를 파헤쳐서 스스로 외부 세력의 희생자로 격하할 필요는 없다. 스스로 날마다 새로운 결정을 내리는 것이 훨씬 더 짜릿하고 인생에 도움이 된다.

당신은 충분한 에너지를 갖고 있으며, 호기심으로 충만하다. 뭔가 배울 게 있는 곳, 도전을 요구하는 곳, 긴장감이 도는 곳, 실패를 맛볼 수 있는 그런 곳으로 가라. 인생에서 중요한 것은 생동감이지 안락함이 아니다. 모든 것에 대해 다 의견을 가질 필요는 없다. 때때로 한 가지 주제에 대해 깊이 생각하는 것으로 만족하라. 이른바 '놓쳐버린 기회'를 아쉬워하며 한탄하지 마라. 그것은 열패감만 느끼게 할 뿐 아무 도움도 되지 않는다.

| 외부 결정의 제국 | | 자기결정의 제국 |
|---|---|---|
| '다른 사람' | ➡ | 자율적인 '나' |
| 외부 통제 | ➡ | 자기 통제 |
| 강요 | ➡ | 자유 |
| 필요에 의한 것 | ➡ | 할 수 있는 것 |
| 희생자 이야기 | ➡ | 자기 책임 |
| 수동적 | ➡ | 능동적 |
| 외부에서 오는 에너지 | ➡ | 내면에서 나오는 에너지 |
| 타율적 동기부여 | ➡ | 자발적 의욕 |

그러나 당신에게 정말 중요한 것, 당신이 정말 원하는 것은 반드

시 해야 한다. 자신이 행하지 않은 일에 대해 한탄하는 것은 슬픈 일이다. 죽기 전에 많은 사람이 후회하는 것이 바로 그것이다.

자, 이제 외부 결정의 제국에서 빠져나와 자기결정의 제국으로 갈아타라!

# 자기결정의 원칙

초판 1쇄 인쇄 2022년 11월 28일
초판 1쇄 발행 2022년 12월 7일

지은이_라인하르트 K. 슈프렝어
옮긴이_류동수

발행인_양수빈
펴낸곳_타커스

등록번호_2012년 3월 2일 제313-2008-63호
주소_서울시 종로구 대학로14길 21(혜화동) 민재빌딩 4층
전화_02-3142-2887      팩스_02-3142-4006
이메일_yhtak@clema.co.kr

ISBN 978-89-98658-76-2 (03320)

＊값은 뒤표지에 표기되어 있습니다.
＊제본이나 인쇄가 잘못된 책은 구입하신 곳에서 바꿔드립니다.